U0042947

# 新疆 | 被中共支配的七十年

熊倉 潤 くまくら じゅん　　　　　　　　　　鍾寧——譯

新疆ウイグル自治区―中国共産党支配の 70 年

# 目次

# 熊倉潤《新疆：被中共支配的七十年》華語版推薦序

◎文：平野聰（東京大學大學院法學政治學研究所研究科教授）

　　新疆維吾爾自治區在 2017 年後，在「鑄牢中華民族共同體意識」的口號下，將那些持續眷戀伊斯蘭教及少數民族文化、一心向「外」而非「中」的人們，視為受到「恐怖主義」、「分裂主義」、「宗教極端主義」的影響，將他們大量拘捕進集中營與監獄中。不只如此，中國同時採用最尖端的資訊技術，作為單方面評估每個人潛在「危險指數」的手段。這樣的極端政治，讓「一國兩制」原本已搖搖欲墜的香港，引發了「今日新疆，明天香港」的強烈危機感。因此，在 2019 年秋天，香港爆發守護自由和法治的民間運動，最終卻遭到了當局的鎮壓。現在的香港正面臨愛國教育更加徹底、淪為「大一統」邊緣角色的命運。

　　在這之後不久，武漢的李文亮醫師對疫情發出的警告，卻被中共當局看成是「危害社會穩定」而加以封鎖，導致全世界都受到擴散的疫情苦果。各國政府平息事態的應對

過程，可以看做是各自政治體制與社會秩序的映照，在這當中，與華夏文明相聯的兩個國家，其處理方式特別受到世界矚目：一個是善盡政府責任，試圖兼顧自由與防疫的臺灣；另一個則是在獨特的「開發中國家的人權，就是生存權與發展權，因此為了生存與發展，社會穩定最為重要」的「人權理念」下，以「生命至上、人民至上」為名，極度限制人民自由的中國。不只如此，中國的防疫體制是透過大數據對林林總總的個人情報加以管理，只要可疑就加以隔離，從而實現「社會面清零」。這種構想和手法，可以說是新疆社會管理模式的延伸。

直到 2021 年底，中國人民對於這種勝過外國的混亂、實現國內「穩定」的防疫措施感到相當滿足，而伴隨而來的「厲害了我的國」的聲浪，更是對批評中國的外國所展現出的嫌惡，也達到了空前的程度。「牆內」的不少人，都把新疆和香港問題當成漠不相關的事物，對於這些阻礙「社會安定」的「疆獨分子」與「港獨分子」遭到鎮壓排除，報以大聲的喝采。

但事實上，他們無一例外也受到最尖端情報技術的監視和管理，只是在對中共宣傳照單全收的情況下，享受著「盛世」與「中國夢」罷了。但是只要人民的想法和生活一旦與中共中央的治理原則產生扞格，中共就會以保持「維穩」為藉口而對人民加以打擊。

果不其然，2022 年的中國就照著這樣的劇本上演了：

春天的上海封城，阻礙了這座中國最先進、對外開放城市的生命達兩個月之久，這是歷史性的事件；新疆與西藏則從8月以來，持續封鎖的時間已經超過了三個月。伴隨著秋天中共黨代表大會的召開，在追求極致的「穩定」當中，封鎖的規模陸續擴大到全國。在這種狀況下，北京四通橋有男子彭載舟鼓起勇氣，大喊「不要核酸要自由」；接著在新疆烏魯木齊市的火災，因為封鎖管制的影響而造成多人傷亡，導致在上海的烏魯木齊中路湧現了要求自由的澎湃聲浪，並且蔓延到中國各地的城市與大學。受到衝擊的中共，終於在12月7日發表了「新十條」，事實上放棄了「清零」政策。儘管如此，中國當局今後是否會對追求自由、挺身而出的人民予以嚴厲鎮壓，仍讓人憂心忡忡。

從以上的事件來看，圍繞著近年中國的一連串問題，可以說都與在新疆引發悲慘事態的中共、以及中國民族主義的本質，有著密切的關連。

筆者是站在共享漢字文化、但與華夏文明保持距離的日本，以藏漢關係為立足點，思考中國民族問題與民族主義歷史的一員。在現今這樣的時刻，得聞熊倉潤先生對新疆問題歷史與本質進行通觀的《新疆：被中共支配的七十年》即將在臺灣出版，以供廣大華語世界參考，不由得感慨甚深。

新疆、藏區、蒙古、香港、臺灣……貫串這些地區相關問題的，其實是華夏文明對「外」的寬容問題。由於建

立清朝的滿洲人本身就是屬於「外」的存在，所以對置於自身影響下的內亞關係，都是基於各文化的邏輯而治之。然而，繼承清朝領域、行使近代國家主權的「中國民族主義」，卻是對帝國主義與「境外勢力」抱持著強烈反對的立場，因此對於那些積極推動「華夏」與「外」連結的人們，更是無法抱持肯定的態度。

特別是中共，對那些疑似受到「境外勢力」負面影響、對中國加以控訴的人們，冠上「恐怖、分裂、極端」的標籤，大力打壓他們。在這種思考下，不只絕對無法實現「鑄牢中華民族共同體意識」，反而還會讓中國失去對「外」的柔軟性，從而摧毀華夏文明令人嚮往的的往日榮光。要如何才能遏止這樣的局面，從而實現亞洲、乃至於各文明、文化的共存？若是透過本書，能讓大家進而思考這個問題，那就是令人喜出望外之事了。

# 克服學術難關的良著——
# 解析東突厥斯坦遭遇種族滅絕的
# 《新疆：被中共支配的七十年》

◎文：楊海英（靜岡大學人文社會科學部教授）

　　歷史學家在撰寫某民族或某地區的歷史、文化、語言和政治的時候，站在什麼立場上，基於何種根據並如何解釋，是非常重要的事情。維吾爾人的歷史亦不例外。

　　我從 1991 年起在東突厥斯坦天山和阿爾泰山進行長達三年的田野調查時，當地中國新疆維吾爾自治區政府正在動員其御用學者們轟轟烈烈地批判「維吾爾人三本書」。我們做為日本國國家學術振興會調查隊也被迫半強制性地參加了新疆社會科學院舉辦的討論會，親耳聆聽「批倒批臭維吾爾人三本書的憤怒聲討大會」。我們想得到中國痛恨至極的「三本反動書」，儘管當局為了批判而翻譯了這些著作，但整個東突厥斯坦找不到一本維吾爾語版和中文版。我長期以來手頭只有一本《《維吾爾人》等三本書問題討論會論文集》（馮大真主編，新疆人民出版社，1992年）來側面瞭解維吾爾人的歷史觀，直到 2019 年日本集廣

舍用日本語出版其中的《維吾爾人》（吐爾貢·阿勒瑪斯著，東綾子譯）才一讀為快。

中國稱《維吾爾人》等三本書有以下「主要錯誤」：一是作者否認中國自古以來就是統一的多民族國家的事實，居然把維吾爾族和我國古代北方諸遊牧民族及其所建立的地方政權，說成是獨立於中國之外的「獨立國家」。維吾爾族是中華民族大家庭中的一個重要成員，它的歷史就是我們偉大祖國歷史的一部分。……二是作者無視我國歷史上民族關係發展的主流，極力渲染歷史上各民族之間相互敵視，仇殺和吞並的支流，把我國民族關係歪曲成為一部戰爭史。……三是對待我國歷史上的民族關係問題，不做馬克思主義的階級分析，而是完全站在資產階級民族主義的立場上，去觀察和評價民族關係中的一些歷史事件和歷史人物。（馮大真主編，新疆人民出版社，1992 年，2-5 頁）

中國深惡痛絕的三本「反動」書是吐爾貢·阿勒瑪斯的《維吾爾人》、《匈奴簡史》及《維吾爾古代文學》。書名表明，作者認為維吾爾人乃匈奴後裔，傳承的是流行於廣漠無邊中亞世界的口頭文學和優雅的波斯文及察哈台語文學精粹，而與漢語世界文風截然不同；獨特的文化與文明證明維吾爾是中亞民族之一，並不是「中華民族大家庭的一員」。歷代中國與源自蒙古高原的遊牧民族關係亦

是以衝突為主；文明的衝突導致遊牧民族走向他們憧憬的西方開闊天地，匈奴如此，突厥如此，蒙古和滿洲也不是例外。

我們讀了以上的觀點後，會發現維吾爾人吐爾貢．阿勒瑪斯的視角與日本歷史學家杉山正明（《蒙古帝國的漫長遺緒》，八旗文化）和岡田英弘（《世界史的誕生》，八旗文化）以及美國「新清史」的學術觀點雷同。吐爾貢．阿勒瑪斯自 1970 年代起被中國關押 7 年，無法接觸日美「外國勢力」的著作。他的著眼點完全源自民族自身的歷史觀，也就是維吾爾全民族的共同史觀。維吾爾人的史觀與中亞各民族沒有任何衝突。所謂的三本書問題，其實就是中原漢人與長城外遊牧民族和中亞世界的歷史觀之對立。

那麼，我在此向中文讀者推薦的熊倉潤的《新疆：被中共支配的七十年》又是站在何種角度上寫成的呢？從著者在書名上用了「新疆」一詞即可預測到一定的結論。他首先解釋了對中國來講的「西域」和「新的疆域」（簡稱新疆）的戰略意義，並沒有強調該地區主人翁維吾爾人的故土即東突厥斯坦一詞的歷史地理學深奧含義。但這並不簡單意味著者是「親華」、「媚中」學者，他是著力於中華人民共和國建國以降的政策變化。分析 1950 年代的「反民族右派」，1960 年代中蘇對峙中的維吾爾人和中亞各國各民族的關係，以及其後文化大革命等一系列的民族政策導致了維吾爾人的抗議和鬥爭。而中國從來沒有誠心對待

「邊疆少數民族兄弟」，一意孤行地採納移民和屯田，集過去兩千年征服異族的暴戾於一代，達到了爐火純青的地步，這就是當今國際社會普遍認同的種族滅絕政策。著者正是通過冷靜分析中國民族政策演變，描繪出了種族滅絕慘況之出現的原因和現狀。

著者在分析表達中國種族滅絕政策時的手法時，與當事人即維吾爾人不同。比如說，我與維吾爾人于田克里木共同著作的《種族滅絕的國家：中國的真相》（ジェノサイド国家—中国の真実，文藝春秋，2019 年）是先詳細報告種族滅絕的現狀，即關押近百萬人的集中營，強奸維吾爾婦女，控制維吾爾婦女出生率，強行移民等；然後再基於歷史來探討中亞民族與中原漢人之間不可避免的「文明的衝突」。我們不認為中亞突厥斯坦東部是「中國自古以來不可分割的一部分」，不認同中亞民族是「中華大家庭的成員」。很簡單，所謂的「中華」即漢人從來沒有有效統治過長城以外的草原地帶。將突厥斯坦的東部並入帝國系統 的也是滿洲人和蒙古人，而並非漢人。維吾爾人與滿洲人的君臣關係，隨著大清帝國的閉幕而得以解除，接下來的是民族自決的潮流。中國的種族滅絕政策再次證明，各民族的民族自決的目標遠遠未能實現。

聰明的讀者也許發現，如果將維吾爾人一詞換為臺灣，那麼展現在我們面前的是一幅「黨中央對臺政策」。亦即「臺灣自古以來是我國不可分割的一部分」，「臺灣人民

是中華民族大家庭的一員」等等。如此這般的中共語言不但與歷史事實不符，而且已無法解決國際關係。任何一個「民族問題」其實都是國際關係問題。維吾爾人與中亞各民族同文同種，血肉相連的中亞各國不會無視漢人永遠推行種族滅絕政策。因此，希望包括臺灣在 的中文讀者們以後不要再使用「維吾爾族」或「滿族」、「蒙古族」等中共語言，更不要粗暴地簡略成「維族」和「蒙族」等。這與臺灣人若被稱作「臺族」的話一定不高興一樣。

　　一個民族的歷史，不可能也不應該當作任何別人的「一部分」來篡改。學者站在客觀的角度撰寫當代史時困難很多，而熊倉潤的著作克服了這一難關，值得一讀。

# 如何理解中共統治下的
# 新疆民族政治？

◎文：侍建宇（臺灣國防安全研究院國安所副研究員）

　　《新疆：被中共支配的七十年》這本書依據時序先後，摘要式的回顧中國解放軍開進新疆之後，所有關於治理新疆的重要階段，以及相關事件。過去幾年由於「新疆再教育營」的問題，新疆在國際媒體的能見度開始大幅增加。但是對於大部分人來說，新疆民族政治發展的來龍去脈其實難以理解。對不熟悉現代新疆的讀者來說，這是一本容易入手的入門讀物。

　　此處釐清幾個關鍵詞彙與爭議的湧動，可能有助於讀者更能掌握新疆民族政治的遞嬗。

## ◎一、「東突厥斯坦」vs「新疆」沿革與政治認同

　　「東突厥斯坦」是從「他稱」轉為「自稱」的詞彙，最終成為一個民族政治認同與動員的概念，這應該是本書，

〈序章〉與〈第一章〉的主要內涵。這個詞彙的出現伊始應該是西方傳教士奉乾隆皇帝指令前往當地測繪地圖，測繪的內容後來為法國耶穌會錢德明神父 (Joseph Marie Amiot) 發表，塔里木盆地開始被西方人稱為「東突厥斯坦」。

「東突厥斯坦」做為「他稱」，在 19 世紀前曾經出現過多個不同的名稱，像是「南突厥斯坦」、「小布哈拉」、「中國突厥斯坦」。由於俄羅斯帝國主義西擴，19 世紀中葉設立突厥斯坦總督，「突厥斯坦」成為俄羅斯帝國現實行政區劃名稱。也因此，當時歐洲也開始將突厥斯坦分開稱為「中國突厥斯坦」和「俄屬突厥斯坦」，或東、西突厥斯坦。20 世紀初期蘇聯「十月革命」後，突厥斯坦總督管轄的區域轉變成「突厥斯坦蘇維埃社會主義自治共和國」。之後進行「民族識別」，又將突厥斯坦打散建立多個加盟共和國，才有了哈薩克、烏茲別克、吉爾吉斯、土庫曼、塔吉克。歐洲冒險家與考古學家使用不同名稱，像是 Chinese Turkestan、East Turkestan、Chinese Central Asia、Serindia、或 Sinkiang 描述現在所謂的新疆地區。東、西突厥斯坦稱謂最初與民族認同並沒有直接關係，反而與帝國擴張企圖下的視野有關。一方面區分大清帝國與沙俄帝國與這個地理區域的政治關係，同時也增強理解並伺機向這個地方擴張。

中國官方「新疆」的正式出現，可以追溯到清代乾隆朝，當時稱為「準部與回部」、「西域新疆」、「天山南、

北路」。伊犁將軍松筠編成「伊犁總統事略」，後為道光皇帝欽定為「新疆事略」，新疆才正式沿用成為專稱。19世紀中葉浩罕人阿古伯在新疆建立「哲德沙爾汗國」，維吾爾語的「哲德沙爾」通常是指塔里木盆地七個綠洲城市；那就是喀什、英吉沙爾、葉爾羌、和闐、阿克蘇、庫車和烏什。《大英百科全書》稱阿古伯的政權為「喀什葛爾王國」（Kingdom of Kashgaria）。19世紀下半葉清末的海防與塞防之爭，爭論國防應當偏重大陸東南沿海的海洋防禦，還是偏重西北內陸的陸上防禦。對接當時亞洲大陸內部英俄的國爭霸的地緣政治，牽扯到大清帝國結構重組的問題。左宗棠「收復」新疆後，新疆建省的目的就是要恐固現代中國對新疆的直接控制。

被中共定義成「疆獨運動」的開端，被海外流亡維吾爾菁英視為成功建國的例證，那就是「東突厥斯坦伊斯蘭共和國（1933-34，簡稱東突國）」、以及「東突厥斯坦共和國（中共錯譽為「三區革命」1944-49）」的出現。這兩個短暫的政權都使用了「東突厥斯坦」一詞，於是將「他稱」轉為「自稱」的政治認同標記，成為後來「維吾爾復國運動」的認同象徵。

相對於第一個東突國發韌於新疆西南的喀什與和闐，糾結在軍閥派系與民族菁英的利益分配問題上，第二個「三區革命」出現在新疆東北的伊犁、塔城與阿勒泰。主事者約略分為「堅持獨立」與「妥協自治」兩派，前者以阿合

買提江為首，奢望最後能夠建造一個以「突厥族」為主體的國家，但是後者以為獨立的目標太過理想，夾雜着維吾爾、蒙古、哈薩克、吉爾吉斯等等不同族群革命精英的利益與爭執，所以願意與中國妥協獲得較多的自治空間，其中以麥斯武德與艾沙為代表。

蘇聯主導、利用、並終結第二次東突厥斯坦建國運動的檔案史料已被公開確認。蘇聯總領事促成東突國與國民黨協議成立聯合政府，對於獨立派來說，只好政治上虛與委蛇。然而隨着國際情勢逆轉，蘇聯不再需要東突國牽制中國，主要領袖人物從哈薩克阿拉木圖搭機前往北京參與政治協商會議途中，據報導飛機墜毀全部罹難。儘管所謂親蘇聯的東突分子仍然想要在中共的「自治區」設計下，爭取權限，但是第二次東突國的理想在冷戰國際氛圍下逐漸煙消雲散，也埋下延續至今，東突厥斯坦建國運動壯志未酬身先死的圖騰想像。

## ◎二、新疆維吾爾自治區的「自治」

「新疆自治區」、「新疆維吾爾自治區」、「天山維吾爾自治區」、「維吾爾斯坦共和國」、「新疆維吾爾斯坦共和國」、「維吾爾自治區共和國」，不同的名稱都代表著不同的政治內涵與想像。最後中共願意的名稱是新疆維吾爾自治區，當然也意涵著很浮面的妥協，保留了維吾

爾作為當地主體民族的族稱，以及「自治」的字眼。至於自治權限的本質則在這本書的〈第二章〉到〈第四章〉進行描述。

中共理解的民族自治的首要工作應該是政治清洗。成立新疆維吾爾自治區的同時，中共也開始了工商業國有化與農業集體化的發展，再加上之後的反右派鬥爭和大躍進，在新疆的脈絡下，等於是開始對當地少數民族菁英進行清洗，讓願意批判「地方民族主義」的菁英被留下來，同時開始大量移入漢人進入新疆。至於針對少數民族群眾的政治認同上辨識與清洗，則在 1960 年代中蘇關係決裂之際來到臨界點；少數民族數萬人穿越邊界逃亡前往蘇聯中亞地區的共和國，中共稱作「伊塔事件」。騰空的邊界農牧地直接被退伍軍人為組成主幹的新疆生產建設兵團接收。在文化大革命以前，中共等於已經初步清洗第二次東突國，也是「三區革命」的頑固分裂主義分子。

值得一提的是賽福鼎。他作為第二次東突國運動遺留下來的最重要，也是唯一民族菁英領袖，有人評論他了解新疆在史達林操弄國際政治下的工具性角色，面對中共只能識時務者為俊傑。也有人說他是真正的共產主義者，中共需要他作為民族關係調和中介的角色。賽福鼎在文革期間接任新疆維吾爾自治區第一書記，同時又擔任自治區主席職務，全力達到頂峰。文革結束後，他被鄧小平免除在新疆的工作職務，調入中央，儘管本書作者認為他可能失

勢，但是也有傳言中共中央可能擔心他在新疆少數民族群體間太過孚於民望，尾大不掉。歸根究底，中共中央並不相信新疆少數民族精英能夠真正的在政治上效忠，獨當一面而沒有二心。

文革後的新疆社會一方面平反被矯枉過正的少數民族，另一方面還要面對十數萬名從中國內地被支邊下放的青年，他們要求返鄉。中共當時的總書記胡耀邦認為應該順水推舟，推動民族區域自治，放開政治意義上的「自治權」。不僅調整少數民族與漢人幹部的比例，更對於少數民族群眾秉持「兩少一寬」的治理原則；也就是對於少數民族犯罪者要「少捕少殺，盡量從寬處理」。這樣的民族政策調整引起新疆漢人移民極度的不滿，認為自己被中共原有的移民實邊政策出賣。

儘管鄧小平很快就調整強調民族區域自治的新疆政策，高舉「兩個離不開」，漢人離不開少數民族，少數民族也離不開漢人，新疆工作兩者缺一不可。並且把第一代跟隨解放軍進疆的王恩茂派往新疆擔任黨委書記，並在1984年通過《民族區域自治法》，盡量爭取民心。在名義上，表現出落實民族區域自治的意圖，籠絡少數民族幹部。並在實質上，讓少數民族在文化上擁有一定的自治權，重新發展，像是修建恢復名人的陵墓、標榜古代突厥伊斯蘭文學作品《福樂智慧》、修築清真寺。這樣的的政策有一定的成效，但是卻經不起進一步挑戰。少數民族年輕人開

始示威爭取自己的權益。1985 年冬天烏魯木齊學生運動的領導人，後來頗多都成為當前海外維吾爾民族運動的骨幹。

不僅文攻，武鬥也開始出現，那就是 1990 年的「巴仁鄉事件」。這個事件是新疆底層社會人群透過伊斯蘭信仰動員，以暴力向中共抗議的表現。中共中央面對這樣的挑戰，一方面嚴打官方所定調的三股勢力：「分裂主義」、「極端主義」、「恐怖主義」，把之後的武鬥全部歸責於「東突伊斯蘭運動」。另一方面開始加速新疆經濟發展的步調。也就是說把文化自治權限又緊縮，整頓文化活動與伊斯蘭信仰，像是 1996 年的「伊寧事件」的導火線就是一個具有社區價值規範功能的文娛活動，最後被鎮壓所導致的悲劇。同時開始開放新疆邊界，增加邊界貿易，以及後來的「西部大開發」政策，或是新疆跳躍式發展經濟政策，都是在這個「民族政治緊、經濟寬」新疆治理政策的兩手邏輯上推出。

「九一一事件」之後的全球反恐戰爭讓中共有機可乘，把「新疆武鬥事件」直接進行概念轉換與接軌，變成國際認可的「東突伊斯蘭運動恐怖主義」。儘管新疆的經濟在這段時間有了快速的現代化與發展，但是真正得利的群體可能並不是新疆當地的突厥民族普羅大眾。民族政治問題並沒有得到終極的解決，漢人移民與新疆當地突厥民族的相對剝奪感越來越高。中共推出讓新疆突厥裔學生到內地城市受教育的「新疆班」，又招羅年輕人前往沿海工廠打

工，這些都不是釜底抽薪的策略，只是拖延民族政治衝突的時間點。新疆漢人移民不滿中共對突厥裔民族的扶持與優惠政策，反之新疆突厥裔民族也備感被強迫移居移工，最後在 2009 年的「烏魯木齊七五事件」一次爆發。

## ◎三、中共的民族區域自治制度倒底是否可行？

本書的〈第五章〉、〈第六章〉與〈終章〉等於是在描述習近平主政下的新疆治理狀況，是一種異常極端的、想要一次到位的對新疆突厥裔民族進行「同化」社會工程。2014 年應該是一個中共治理新疆策略重新調整的轉捩點，至少有三點線索值得注意：

第一、2014 年 5 月習近平視察新疆時就已經直說「新疆工作的著眼點和著力點要放在社會穩定和長治久安上」。並強調「全黨都要站在戰略和全局高度來認識新疆工作的重要性，多算大帳，少算小帳，特別要多算政治帳、戰略帳，少算經濟帳、眼前帳」。對於治理新疆的態度已經開始轉變，似乎不再依循前述在政治管控下，以經濟發展解決新疆治理的政策邏輯。

第二、從 2012 年開始，新疆各地持續出現大小不一幾十起的「恐怖襲擊事件」，並在 2014 年 3 月更發生昆明火車站屠殺、以及 2014 年 10 月北京天安門金水橋撞車襲擊，直接衝擊到新疆以外的區域，引發中共中央的注意與不滿。

據傳當時習近平主政的中共中央甚至召喚張春賢直接到政治局常委會進行檢討報告。面對各種暴力衝突事件，張春賢在 2014 年開始推動的大規模「訪民情、惠民生、聚民心」也是後來新疆再教育營政策的序曲或試點。

第三、同時 2014 年 9 月召開中央民族工作會議，據傳習近平在會議上直陳並針貶各種民族相關議題，但是由於內容對既有的民族政策有重大的調整。由於講話內容與過去原有的民族政策，似乎有很大的不同，所以會後新華社有違常態的並沒有全文轉載。只有一些中共幹部與學者會後採用不同口徑，按照自己理解進行轉述。

中國官方一直憂慮於伊斯蘭主義全球化所帶來安全上的衝擊，隨著阿富汗反恐戰爭起伏、伊斯蘭國興起後，維吾爾外國戰士相關訊息的傳播，在非傳統安全上的顧慮不斷上升。同時習近平又提出「一帶一路倡議」，使得新疆民族政治問題更加凸顯。於是歸根究底，中共幾十年來推動的民族區域自治是不是可行，有沒有根本缺陷？2011 年後，中國民族研究學界出現民族政策的辯論。民族自治派，國族建造派，強硬同化派互相攻訐。「第二代民族政策」主張廢除以民族區域自治為內涵的「第一代民族政策」，引起大規模的論戰，而新疆就是論戰的核心背景。這些爭論據傳在 2014 年中央民族工作會議後戛然而止。繼之而起的卻是新一波的高壓、或說「中國化」的同化或漢化策略，以極為粗暴的、超大規模的形式在新疆蔓延。

從現在的角度看，習近平基本上保留著民族區域自治的形式，但是內涵完全被拋棄，名存實亡。以剷除「兩面人」為例，「對黨不忠誠不老實，表裡不一，陽奉陰違，欺上瞞下」，即是「搞兩面派，做兩面人」；換句話說，爭取新疆自治區權限的、與中共中央不一致並要求宗教與文化復興的突厥裔幹部、知識分子、企業家，都可以算是「兩面人」。推到極致，中共其實在剷除原來還在心懷某種「第一代」民族區域自治政策的所有人。習近平治下的新疆民族政策就是「同化」或民族改造，把新疆突厥裔民族塑造成認同中共統治的中華民族成員。

　　本書〈第六章〉與〈終章〉檢討新疆再教育營與國際制裁的情況，從中美對抗、節育與種族滅絕、職業培訓與強制勞動，認為滅絕的概念可能不足以也不適合用來描述現在新疆突厥裔民族的狀況。陳全國作為習近平民族政策的執行者在2021年從新疆離職，象徵著一個階段已經完成，同時也準備下一個階段政策的評估與重整。更值得未來關注的是中國面對國際制裁壓力，在新冠疫情過後很可能進行政策調整，習近平轉化新疆突厥裔民族政治認同的工程終極目標尚未達成，新疆的同化政策可能會根據外部製裁而進行細化修訂。國際制裁的效用在於不斷地警告中國，無法擺脫在新疆侵犯人權的事實。

# 前言

　　近年來，新疆維吾爾自治區備受關注，中共將大量維吾爾人和其他生活在新疆的當地穆斯林關押在名為「職業技能教育和培訓中心」的機構，受到國際社會譴責。然而，公眾對新疆的當代歷史並不熟知，迄今為止，中共是如何治理新疆的？又是什麼原因導致中共拘禁當地穆斯林？

　　新疆位於中華人民共和國的西北部，面積廣大，約占全國的六分之一。天山山脈自東向西貫穿自治區的中心，北部是準噶爾盆地，南部是塔里木盆地。塔里木盆地以西是帕米爾高原，昆侖山脈則矗立在南部。塔里木盆地的中部是塔克拉瑪干沙漠，其外部邊緣則有茂盛的綠洲城市零星分布著。

　　維吾爾人在這些綠洲城市中孕育了歷史悠久且豐富的文化。在民族上，維吾爾人屬於突厥語族，土耳其人等亦

屬同一語系。在宗教上，他們是信仰伊斯蘭教的穆斯林，與中東的伊斯蘭世界有著密切的文化聯繫。由於這些民族和宗教特點，維吾爾人與烏茲別克人、哈薩克人和其他民族一起被視作突厥語系穆斯林之一。

除了維吾爾人，新疆還有眾多民族。從北部到東部的準噶爾盆地居住著大量哈薩克人和蒙古人。帕米爾高原所在的西部是吉爾吉斯人和塔吉克人居住的地方，此外，還可以看到烏茲別克人和韃靼人。這些是今天的哈薩克、蒙古、吉爾吉斯、塔吉克、烏茲別克和俄羅斯聯邦的韃靼斯坦共和國的主要民族。

相比之下，19 世紀前移居新疆的漢人數量並不多。從民族構成可以看出，新疆在歷史上被視為「突厥斯坦」的一部分，是一個以突厥語為主的穆斯林地區，這就是為什麼新疆又被稱為「東突厥斯坦」的原因。另一方面，「新疆」這個名稱源於清朝統治下的「新疆」（一個新的疆域或區域）。清朝滅亡後，中華民國繼承了清朝的領土，新疆也就成為中華民國的一部分。在經歷了多次政治變革以及後來失敗的「東突厥斯坦共和國」獨立運動之後，新疆於 1949 年被中國共產黨和人民解放軍控制。

新疆維吾爾自治區成立於 1955 年，是中華人民共和國的一個少數民族自治區。少數民族在中國是指除漢人以外的任何民族，包括占該地區人口大多數的維吾爾人等民族。中共廢除了此前的新疆省並建立自治區，自稱是當地少數

民族的「解放者」，將少數民族從國民黨政權、外國勢力、剝削階級等手中「解放」出來，給予他們自治權，試圖獲取支持，穩定中共的統治。

中共以自治的名義大規模培養少數民族的黨員和幹部，中共的少數民族政策包括將當地的優秀青年送往高等院校就讀，並創造一套培養少數民族黨員和幹部的制度，這一制度仍延續至今。政治鬥爭中雖造成一些少數民族幹部的犧牲，但中共會同時提拔其他少數民族幹部，以維持平衡。藉由在少數民族群體內創造既得利益者，防止他們團結造反。就此而言，中共可說是藉由分裂少數民族群體來維持它的統治。

不過並非所有事情都如中共所意進行。1950 年代初，拒絕歸順中共的人持續進行大規模武裝鬥爭。20 世紀 60 年代初，大躍進運動造成饑荒時，許多人逃離中國前往蘇聯。更重要的是，近幾十年來，新疆境內外發生了多起抗議和「暴亂」。 如果中共如其宣傳所說的那樣，「受到少數民族的歡迎、讚賞和愛戴」，理應不會有這麼多事件發生。

中共認為少數民族的不滿是由於地區經濟發展滯後造成的，若推動該地區的經濟發展，此種不滿將逐步得到解決。但實際上，發展政策擴大了貧富差距，加深了某些方面的矛盾。2009 年，廣東省一家工廠發生的維吾爾人死傷事件導致烏魯木齊市發生抗議活動，並發展成為大規模暴亂。漢人對維吾爾人的報復行為也時有所聞，民族關係持

續惡化的同時，又發生 2013 年天安門的汽車襲擊事件和 2014 年的昆明火車站「恐怖襲擊」事件，全國輿論皆把矛頭指向維吾爾人。

習近平對此事態相當重視，為了解決這個問題，除了加強監控和執行「反恐」政策之外，認為有必要採取更加嚴厲的措施。在領導層看來，沒有從經濟發展中受益的少數民族是問題的根源，為了不讓貧困的少數民族成為「極端主義分子」，應採取必要手段。

中共決定把少數民族的普通民眾大規模拘禁在惡名昭彰的「職業技能教育和培訓中心」，中國宣稱這些機構僅用於職業培訓，強調扶貧方面的功能。以職業培訓的名義改變當地穆斯林的信仰，試圖一舉完成扶貧和根除「恐怖主義」。

對於像筆者這樣的外部觀察者來說，被監禁方的感受最為重要。然而與他們的傷痛完全相反的是，領導人強調這項政策完全正確，要把作為「中國人」的共同體意識深植到少數民族的心中，少數民族有望接受職業培訓，重生為中國人，在中國各地的工廠以勞力支持「中國夢」。

中國領導層中是否有來自新疆的少數民族幹部能夠制止這些政策？過去確實有過如賽福鼎・艾則孜這樣的維吾爾人幹部可以向毛澤東表達自己的意見，賽福鼎曾在 1970 年代擔任自治區最高領導人的職務，然而今天已經不存在這樣的角色。地方民族幹部的晉升存在著「玻璃天花板」，

自賽福鼎被解職後的四十多年來，自治區最高領導人——黨委書記（過去稱作第一書記）的職位一直是由漢人擔任，也沒有來自新疆的幹部離開自治區而在中央升職，這使得漢人的想法在政策制定、協調和評估階段會被優先考慮。

在本書中，我將書寫中共在新疆的統治歷史，重點放在這些新疆當地民族幹部的地位衰退和來自內地的漢人幹部的權力上升過程。自 1949 年新疆「解放」至今的七十年間，自詡為少數民族「解放者」的中國共產黨，已經轉變為拘禁、並改造少數民族的政治力量。本書將新疆從「解放」至今的歷史作為一部通史來描述。

# 新疆民族別人口表

| | 總人口 | 維吾爾族 | 漢族 | 哈薩克 | 回族 | 兵團 |
|---|---|---|---|---|---|---|
| 1949 | 433.34 | 329.11 | 29.1 | 44.37 | 12.25 | |
| 1950 | | 335.48 | 30.58 | 46.4 | 12.44 | |
| 1952 | 465.17 | 350.09 | 32.6 | 49.45 | 13.16 | 27.32 |
| 1955 | | 372.65 | 55.05 | 50.83 | 14.79 | 17.54 |
| 1957 | 558.01 | 386.71 | 82.15 | 53.07 | 16.65 | 31.14 |
| 1960 | | 399.13 | 194.45 | 54.16 | 19.96 | |
| 1962 | 698.97 | 400.47 | 207.72 | 48.74 | 23.49 | 86.21 |
| 1965 | 789.1 | 411.51 | 275.84 | 52.4 | 28.77 | 129.31 |
| 1970 | 976.58 | 467.33 | 386.12 | 61.63 | 38.33 | 194.31 |
| 1975 | 1154.53 | 526.64 | 478.01 | 75.14 | 47.71 | 177.1 |
| 1978 | 1233.01 | 555.53 | 512.9 | 82.1 | 53.12 | |
| 1979 | 1255.97 | 564.16 | 521.76 | 84.8 | 54.76 | |
| 1980 | 1283.24 | 576.46 | 531.03 | 87.68 | 56.56 | 220.07 |
| 1981 | 1303.05 | 587.93 | 534.99 | 89.53 | 57.4 | |
| 1982 | 1315.9 | 598.68 | 532.33 | 91.39 | 57.55 | |
| 1983 | 1333.3 | 607.28 | 537.14 | 94.01 | 58.73 | |
| 1984 | 1344.08 | 617 | 534.63 | 96.45 | 58.83 | |
| 1985 | 1361.14 | 629.44 | 534.92 | 98.72 | 59.96 | 222.23 |
| 1986 | 1383.64 | 643.1 | 538.63 | 101.05 | 61.18 | |
| 1987 | 1406.33 | 656.22 | 542.98 | 103.43 | 62.64 | |
| 1988 | 1426.42 | 667.52 | 547.01 | 105.59 | 64.03 | |
| 1989 | 1454.16 | 682.73 | 553.16 | 108.79 | 65.94 | |
| 1990 | 1529.16 | 724.95 | 574.66 | 113.92 | 68.89 | 214.35 |
| 1995 | 1661.35 | 780 | 631.81 | 123.77 | 74.76 | 228.78 |
| 2000 | 1849.41 | 852.33 | 725.08 | 131.87 | 83.93 | 242.79 |
| 2001 | 1876.19 | 860.56 | 742.2 | 131.92 | 84.42 | |
| 2002 | 1905.19 | 869.23 | 759.57 | 1333.35 | 85.46 | |
| 2003 | 1933.95 | 882.35 | 771.1 | 135.21 | 86.67 | |

| | 總人口 | 維吾爾族 | 漢族 | 哈薩克 | 回族 | 兵團 |
|---|---|---|---|---|---|---|
| 2004 | 1963.11 | 897.67 | 780.25 | 138.16 | 87.63 | |
| 2005 | 2010.35 | 923.5 | 795.66 | 141.39 | 89.35 | 256.97 |
| 2006 | 2050 | 941.38 | 812.16 | 143.5 | 90.96 | |
| 2007 | 2095.19 | 965.06 | 823.93 | 148.39 | 94.3 | |
| 2008 | 2130.81 | 983.18 | 836.33 | 151.05 | 95.3 | |
| 2009 | 2158.63 | 1001.98 | 841.69 | 151.48 | 98.04 | |
| 2010 | 2181.58 | 1017.15 | 832.29 | 151.16 | 98.4 | 260.71 |
| 2011 | 2208.71 | 1037.04 | 844.42 | 154.26 | 100.34 | 261.37 |
| 2012 | 2232.78 | 1052.86 | 847.29 | 155.75 | 102.31 | 264.86 |
| 2013 | 2264.3 | 1074.41 | 860.06 | 158.54 | 104.57 | 270.14 |
| 2014 | 2298.47 | 1127.19 | 859.51 | 159.87 | 105.85 | 273.28 |
| 2015 | 2359.73 | 1130.33 | 861.1 | 159.12 | 101.58 | 276.56 |
| 2016 | 2398.08 | 1144.9 | 826.95 | 158.67 | 102.01 | 283.4 |
| 2017 | 2444.67 | 1165.5 | 790.18 | 158.36 | 101.99 | 300.53 |
| 2018 | 2486.76 | 1167.86 | 785.74 | 157.49 | 101.57 | 310.55 |
| 2020 | 2585.23 | 1162.43 | 1092.01 | | | |

單位：萬人

【注】資料來源：《新疆統計年鑑》1990 年版～ 2019 年版。
唯 1950、1955、1960 年是根據滿蘇爾・沙比提、熱合曼・玉素甫〈建國以來新疆人口時空動態變化特徵及其成因分析〉《人文地理》2007(6)。2020 年是根據新疆維吾爾自治區第七次全國人口普 主要數據。兵團部分則是根據《新疆生產建設兵團統計年鑑2020》。

# 序章

新疆（東突厥斯坦）
的兩千年

在新疆，可以發現維吾爾人在外型上與漢人有很大的不同。首先，第一眼能看出他們多數人的臉部特徵明顯，輪廓深邃，瞳孔顏色多樣。再者，他們的語言屬突厥語族，宗教是伊斯蘭教，這些都與漢人不同。服裝和飲食文化方面，與中亞、西亞和俄羅斯的伊斯蘭世界有著深厚的連結。

　　以飲食文化為例，在新疆當地的餐館可以吃到被稱作「饢」的烤麵包、羊肉手抓飯、拉條子拌麵，這些都是中亞地區的食物。除了到處都能看到中文，餐廳的氛圍也和中亞地區類似。雖然是在中國的領土上，但感覺好像來到了另一個世界。

　　新疆為何會成為中國的一部分呢？——這樣一個簡單、直接的問題因此出現在腦海中。在〈序章〉中，本文將追溯到中華人民共和國成立前，概觀新疆地區的起源及其如何被納入中國版圖。

# 1、新疆地區的起源[001]

## ◎綠洲城市的形成

目前還不能確定現今的人類是何時、以及如何定居在現在被稱為新疆的地區。然而，一般認為高加索人（所謂的白種人）至少在距今三千多年前——即西元前兩千年左右就已經從西方來到了這裡。那具被稱為「樓蘭美女」的女性木乃伊具有高加索人的特徵，就是證據之一。

現在推定橫跨歐洲、西亞、北非的高加索人，當時擴展到包括現今新疆一帶的中亞，並與從東部擴張的蒙古人混血。如今新疆人的臉部特徵與漢人和蒙古人不同，可能是由於他們繼承了較多高加索人的特徵。

在這樣的人種背景下，他們散布於塔里木盆地外圍的綠洲中，利用天山山脈和崑崙山山脈的融雪發展農業，形成了城市。在漢人勢力進入該地區之前，塔里木盆地北部邊緣的龜茲、西部的疏勒、莎車和于闐等綠洲城市已經建立，這些綠洲城市便是至今存在的城市原型或前身。

## ◎漢朝和西域

正是在西元前 2 世紀的西漢時期，漢人王朝開始進入這個地區。許多人可能聽過漢武帝派遣張騫和李廣利到這

裡，儘管張騫一度被匈奴扣留而未能替漢朝與阿姆河流域的大月氏結成同盟，卻仍舊給漢朝帶來了許多情報；李廣利則遠征大宛，帶回了一匹汗血馬而留名青史。這兩人無疑是漢朝對「西域」行使權力過程中的先鋒角色。

「西域」是指從敦煌（位於今甘肅省）向西延伸的地區總稱，之所以被漢人如此命名，是因它就位於漢人世界的西部位置，正如其起源所示，西域是一個包括整個中國西部的廣泛概念，也包括了西亞和地中海；然而，提起「西域」，人們首先想到的是最接近漢人世界的地區，也就是現在被稱為新疆的地區。

對漢朝來說，西域是與匈奴競爭的場所，匈奴的勢力範圍主要在蒙古高原。正是考慮到與匈奴的這種競爭關係，漢武帝才會派遣張騫和李廣利前往西域。漢朝因此逐漸將觸角伸向西域，並設置「西域都護」，控制該地區的政治與東西方的貿易。中國政府在 2021 年發布的《新疆各民族平等權利的保障》白皮書指出，新疆是在西元前 60 年成立西域都護府時正式納入中國版圖[002]。

西域都護的據點設在上述龜茲以東的烏壘城，並在要塞設置屯田和駐軍，每個綠洲都在其監督之下。其統治的基本特點是將印章授予地方行政機構，並與漢朝廷結盟。雖然可從東西方貿易中獲益，但這是一種脆弱的領土控制形式，當西漢衰落時，匈奴迅速南下，各綠洲紛紛叛變。

直到東漢的班超打敗匈奴，征服了整個塔里木盆地，

漢人再次在該地區行使權力，但沒有持續多久，東漢衰落後，西域又回到了草原勢力手中。而後，五胡十六國南北朝時期，甘肅的前涼曾一度統治過吐魯番盆地，引進漢人文化，之後漢人政權仍在高昌繼續。不過，高昌國的背後有取代匈奴的柔然和突厥等草原勢力，反覆進行干預。

## ◎唐朝和西域

唐朝西域是佛教的印度文化圈、祆教的伊朗文化圈和粟特人的通商文化圈。在唐朝的勢力下，傳入漢傳佛教、漢字文化、中華式行政體系等，但這些中華文化在當地形成之前唐朝就沒落了。在安史之亂中攻陷唐都長安的吐蕃開始稱霸西域，與此時出現在北方草原世界的回鶻人爭霸。

進入 7 世紀後，唐朝向西域擴張，在高昌建立了安西都護府。唐朝也像漢朝一樣試圖藉由在西域駐紮軍隊來主導東西方貿易，各個綠洲的政權一般保留在唐朝的統治之下，當地的君王受制於羈縻政策，有義務向唐朝進貢。也正如漢朝把西域的管理定位在與匈奴的對抗一樣，唐朝對西域的管理也注定要與北方的遊牧勢力（如西突厥人）和南方的吐蕃（西藏）不斷衝突。唐朝的安西都護府在龜茲和高昌之間反覆遷徙，以應對西突厥人和吐蕃人的進犯。唐朝還向天山北麓擴張，建立了庭州（後來的北庭都護府）以對抗西突厥，但而後仍有激烈的對抗。

## ◎回鶻人西遷和逐步突厥化

與吐蕃人對抗的回鶻人本是蒙古高原上的一支突厥勢力，在西元 744 年消滅了突厥人並建立了可汗國，也就是所謂的回鶻汗國。我們都知道回鶻人干預安史之亂，摩尼教因粟特人而盛行，但這裡所說的回鶻人是指回鶻汗國，趁唐朝衰落時擴大自己的勢力，與西域的吐蕃人對抗。

西元 840 年，回鶻汗國被北部的吉爾吉斯人進攻而瓦解，人民四散到各地，其中一些人逃到了天山北麓，被稱為回鶻人的西遷。隨後，回鶻人從曾是北庭都護府所在地的庭州周圍地區擴大勢力範圍。由此形成的回鶻族繼承國被稱為高昌回鶻或西州回鶻。

高昌回鶻在鼎盛時期勢力遍及塔里木盆地地區，與今天的新疆地區大致重合。在其統治下，出現了一個前所未有的現象：突厥人直接在綠洲定居。傳統的遊牧勢力即使控制了綠洲，也從未在農業世界建立起自己的地位，相比之下，高昌回鶻的人民並沒有回到遊牧世界，而是定居下來。這種定居導致了原有的遊牧文化與綠洲的農業文化的融合，以及塔里木盆地居民的突厥化，至此決定了今天新疆的民族特徵。

這種程度、速度不一的突厥化現象，不僅在今天的新疆，在哈薩克、烏茲別克和前蘇聯中亞五國的其他地區都曾出現。因此這些地區又被稱為突厥斯坦，意思是突厥人

的土地。這也是為什麼前蘇聯中亞五國有時仍被稱為西突厥斯坦，而中國領土新疆被稱為東突厥斯坦的原因。

高昌回鶻提倡對本土佛教的宗教奉獻，並鼓勵將佛經翻譯成自己的突厥語，即回鶻語。王國的人民識字率很高，不僅佛教文化蓬勃發展，經濟活動也很發達。回鶻商人主宰了東西方的貿易路線，取代了自阿拉伯人入侵後失去往日地位的粟特人。他們的文化和經濟水平很高，這也是後來蒙古帝國陸續提拔回鶻人以及向皇室傳授回鶻文字的原因。

高昌回鶻對外繼續開展貿易活動，同時密切關注在蒙古高原獲得霸主地位的契丹人，以及唐朝滅亡後結束混亂局面的宋朝。12 世紀時，高昌回鶻處於西遼人的間接統治之下，13 世紀時，又歸順於成吉思汗。一些有影響力的人物，也就是所謂的色目人支持元朝在中國內地的統治，王國後來被蒙古帝國內部的紛爭影響而陷入衰落，但回鶻族農民仍與其他民族不斷混血，繼續在吐魯番和塔里木盆地地區生活。

## ◎東突厥斯坦的伊斯蘭化

高昌回鶻時期，佛教文化蓬勃發展，但今天的維吾爾人和東突厥斯坦的其他族裔群體則主要信仰伊斯蘭教。究竟東突厥斯坦是如何伊斯蘭化的呢？

10 世紀以喀什為據點的突厥喀喇汗國接受伊斯蘭教，開啟了這個區域的伊斯蘭化。據說突厥人是在西元 960 年集體皈依，一般也認為喀喇汗國是在這個時候成了伊斯蘭教的勢力。喀喇汗國從西部威脅高昌回鶻，並控制了和田、庫車和塔里木盆地的其他城市，導致該地區的伊斯蘭化。

　　不過，高昌回鶻的佛教勢力此後仍停留在東突厥斯坦東部。13 世紀出現的蒙古帝國對各種宗教採取了一視同仁的立場，使得伊斯蘭教和佛教在東突厥斯坦東部得以長期共存。然而，隨著蒙古帝國的日益分裂，擁有中亞以西領土的蒙古王族開始接受伊斯蘭教。在天山北麓維持遊牧傳統的蒙兀兒人（波斯語「蒙古人」的音譯）也在 14 世紀改信伊斯蘭教。蒙兀兒軍隊在 1513 年將佛教徒趕出了哈密，東突厥斯坦的伊斯蘭化宣告完成。

　　蘇菲主義（伊斯蘭神祕主義）的傳承者蘇菲派，在蒙兀兒的伊斯蘭化中發揮了關鍵作用。據說有一位蘇菲教徒在沒有碰觸到一根手指的情況下把一名戰士扔了出去，這項奇蹟讓他在一天之內改變了 16 萬人的信仰，由此可見，當時蒙兀兒人所理解和接受的伊斯蘭教應該有蘇菲主義的因素在內。

　　皈依後的歷代可汗也虔誠依循蘇菲教團領袖的指導，尤其是納克什班迪教團著名領袖，和卓—艾哈邁德·哈桑尼的後代，瑪哈圖木·阿雜木（意指偉大的伊瑪目），在從撒馬爾罕（今烏茲別克）遷往喀什時加強了與蘇菲教團

的結盟。被稱為「和卓」的宗教領袖很快就掌握了能與可汗匹敵的權力，有些甚至登上了可汗的位置。

和卓家族分為兩派，即白山派和黑山派，並發生了激烈的鬥爭，但當準噶爾汗國在西元 1680 年征服塔里木盆地一帶時，白山派的和卓—阿巴和加被立為事實上的統治者，換取大量的納貢。阿巴和加的陵墓至今仍然保留在喀什，被尊為聖地。

# 2、清朝和新疆[003]

## ◎準噶爾與清朝

東突厥斯坦自 9 世紀以來經歷了突厥化，到 16 世紀又經歷了伊斯蘭化，是什麼歷史緣由讓它現在被視為中國的一部分？

前面提到的蒙兀兒部隊在 16 世紀以吐魯番盆地為基地，與東邊的明朝發生了衝突，他們曾聲稱要進行聖戰，入侵甘肅，但內亂導致他們逐漸衰落。信奉佛教的瓦剌人則取而代之，將其權力擴展到天山北麓的大草原上。17 世紀，一支名為準噶爾的部落從瓦剌人中勝出，建立了一個橫跨東、西突厥斯坦的大型遊牧帝國，因此天山北麓的大盆地也被稱為準噶爾盆地。

準噶爾人與在 17 世紀滅掉明朝的清朝，都信仰佛教，

並為爭奪西藏和蒙古開戰，雖曾在不同的地點達成過停戰，但雙方之間的戰爭持續了七十多年；18 世紀中葉，準噶爾發生內亂，清朝皇帝乾隆趁機出兵，終於戰勝了長期以來的宿敵。而後，清軍在平定叛亂的過程中，對一直在清軍中服役的瓦剌人將軍進行了大規模的清剿行動。另外，天山北麓的遊牧社會被消滅了，部分原因是天花的流行[004]。從此，再也沒有新的強大遊牧國家出現，歷史上反覆出現的草原勢力與該地區綠洲城市之間的關係也隨之結束。

清朝釋放了被準噶爾囚禁的和卓，並在準噶爾滅亡後將塔里木盆地的管理權委託給他們，但他們最終還是叛變了。1758 年，清軍大舉進入塔里木盆地，隔年占領了整個塔里木盆地，東突厥斯坦就這樣被納入了清朝的版圖。

## ◎清朝對新疆的統治

清朝以伊犁河畔的惠遠城為基地，統治整個新疆，最高領導人是由滿清和蒙古人任命的伊犁將軍，在其領導下，與滿洲人同為通古斯族的各個群體從遙遠的滿洲土地遷徙過來，其後代被稱為錫伯人，聚居在伊犁河兩岸。

清朝在新疆的統治分為三個系統。首先，靠近甘肅，漢人已經開始定居的地區被稱為東路，和內地一樣，被置於陝甘總督的管轄之下，設有州縣。其次，清朝對蒙古貴族採用的扎薩克制度，也適用於哈密和吐魯番的統治者，

以及遊牧部隊的首領。傳統有權勢的人被賦予頭銜，並透過他們進行控制，其中包括西元1771年從伏爾加河流域（今俄羅斯）返回新疆的土爾扈特。

第三，在被稱為南路的塔里木盆地地區，建立了伯克官制（beg），清朝駐軍不直接參與民政管理，而是交給當地有力人士，特別是那些在征服期間與清軍合作的人及其後代。每個綠洲的最高官階被稱為阿奇木伯克（hakim beg），隸屬於駐軍的指揮官。新疆與內地不同的是，禁止平民紮辮子，但阿奇木伯克卻享有紮辮子的特權，同時，他們可以有自己的小宮廷，修復清真寺和聖人的陵墓，建造伊斯蘭教學校，並設立瓦合甫（宗教捐獻）來維持運作。在清朝的統治下，仍繼續使用中亞地區的突厥傳統書面語察合台語，保有當地的獨特文化。

清朝利用當地有力人士的方式，帶有濃厚的間接統治色彩，不過另一方面，駐紮在新疆的軍隊據說有2萬6千人左右，僅靠當地收稅是無法維持的，駐紮費用由內地各省送來的資金支付。在內地經濟支持下，這一時期的新疆經歷了前所未有的穩定，其中包括了人口增長。

## ◎回民叛亂

然而，在清朝間接統治下，新疆的穩定並沒有持續多久。乾隆皇帝征服新疆後，和卓部族逃到浩罕汗國（今烏

茲別克東部），並於 1826 年一度占領了喀什，不過這一動
亂很快就被平定下來，浩罕汗國為了尋求與清朝貿易的有
利條件，繼續與和卓人等人入侵喀什，擾亂清朝。

鴉片戰爭後，來自內地的新疆統治資金被切斷，駐軍
加強稅收，造成零星的起義。被動員起來準備對抗太平天
國的陝西回民與漢人發生衝突，最後導致所謂的西北回亂。
1864 年，叛亂蔓延到整個新疆，不僅回民，維吾爾人也在
各地叛亂，各地的蘇菲派鼓吹聖戰，摧毀清朝在新疆的駐
軍部隊。

由於整個新疆處於動蕩之中，浩罕汗國的軍官阿古柏
（Yaqub Beg）應叛軍的要求來到新疆，在喀什建立了自己
的政府。大約在同一時間，浩罕汗國內部爆發政爭，政爭
中被打敗的一方逃到了新疆，加入了阿古柏政權，該政權
擴大了其勢力範圍，至 1870 年幾乎將天山以南的整個地區
都納入勢力範圍，對外則承認鄂圖曼帝國的宗主權，並接
受軍事援助。當時，征服了西突厥斯坦的俄羅斯以及正在
統治印度的英國都試圖與阿古柏政權締結貿易條約，將其
置於自己的影響之下。


## ◎清朝收復新疆

當時清政府內部對平定內地和加強沿海防禦的先後順
序上出現爭論，1875 年，堅持平定內地的左宗棠被任命為

欽差大臣，清軍決定開始收復新疆。阿古柏的部隊被清軍擊敗，1877 年突然去世，該政權也很快被瓦解，殘餘勢力逃到浩罕。陝西回亂以來一直與清軍作戰並逃到新疆的回民部隊也逃到了俄羅斯境內，這些回民的後代仍居住在中亞各地，被稱為東干人。

在左宗棠遠征之前，俄羅斯軍隊曾占領過伊犁地區，但隨著《伊犁條約》的簽署，該地區於 1881 年歸還給了清朝。在原來清朝統治下被迫從事農業勞動的維吾爾人被稱為塔蘭奇人，其中一些人因為不樂見清朝的回歸而遷徙到俄羅斯境內，他們的後代仍然居住在中亞各地。

與此同時，根據《伊犁條約》獲得免稅特權的韃靼人和其他俄羅斯國民開始大量出現在新疆，他們帶來了俄羅斯和鄂圖曼帝國穆斯林的現代民族主義思想，促使新疆人民前往伊斯坦堡等地留學，從而擴大了跨境交流。

1884 年，新疆建省，治理工作交給了漢人官僚，而不是滿洲人。伊犁將軍有名無實，駐紮在迪化（今烏魯木齊）的新疆巡撫才是最高權力者。伯克官僚制度被廢除，引入了一種不同的直接統治，這些變化伴隨著同化政策，如強迫民眾學習漢人語言，促成了民族主義的覺醒。

正如我們所見，清朝對新疆的征服在新疆成為中國一部分的過程中具有決定性意義，清朝在19世紀的統治地位，即現代國際法律秩序來到該地區時，成為清朝和後來的中國在國際上宣稱其對新疆擁有主權的基礎。然而，現代中

國所面對的新疆，已經不是漢人歷史中的西域，而是一個經過突厥化和伊斯蘭化，崇尚西方世界，尤其是俄羅斯和鄂圖曼帝國的新疆。

# 3、中華民國和新疆

## ◎辛亥革命與俄羅斯革命的波及

1911 年發生辛亥革命，中華民國在內地新成立，新疆被列為其一部分。對於清朝的滅亡和一個以漢人為中心的新國家的出現，同屬清朝的蒙古和西藏做出了敏感的反應，分別在俄羅斯和英國的支持下尋求獨立。

辛亥革命後，新疆也出現了變革的跡象，如伊犁和哈密的暴動，但很快就被烏魯木齊的漢人軍隊平定。在維吾爾作家阿布都熱依木‧吾提庫爾的歷史小說《足跡》中詳細描述有關暴動的細節[005]。鐵木爾‧哈里法在哈密暴動中領導人民，勇敢對抗漢人和與漢人勾結的封建領主，死後成為一個傳奇，對後來東突厥斯坦的獨立運動產生了很大影響。

新疆在辛亥革命後的結果只是換了另一個漢人統治者。新疆都督楊增新藉由鎮壓當地穆斯林動亂，巧妙地消除競爭對手，繼承前朝的統治勢力。楊增新在新疆沒有對清朝的統治做出重大改變，還把新疆與外界隔離開來，成

為一個「獨立王國」，這樣的作法得到成效，楊增新直到1928年被暗殺前都一直維持這樣的體制。

與此同時，新疆的鄰國俄羅斯自1917年以來經歷了巨大的政治變革，即俄國革命以及隨後的內戰和干涉戰爭。蘇聯成立於1922年，是一個由各民族共同組成的聯邦制國家，與新疆接壤的西突厥斯坦則於1924年後在蘇聯體制內成立了五個共和國：烏茲別克、土庫曼、塔吉克、哈薩克和吉爾吉斯，為今天中亞五國的雛形。

蘇聯政權還承認這些沒有自己的共和國的小群體為一個民族，並給他們取民族名稱。其中，「維吾爾」這個名稱是指從新疆遷往俄羅斯突厥斯坦的人。在蘇聯創建的民族概念隨後被引入新疆，被新疆省政府正式採用，自此維吾爾族和哈薩克族等民族名稱在本來民族概念薄弱的新疆穆斯林中普及開來。

## ◎短命的東突厥斯坦伊斯蘭共和國

1928年，楊增新遭暗殺之後，新疆陷入混亂，新的省主席金樹仁對穆斯林的理解不如楊增新，還干涉他們的習俗，招致反感。此外，他還決定廢除自清朝以來保留的哈密王制。與此同時，一名漢人軍官和他的手下因在哈密以北的村莊試圖強行和一名當地女性結婚遭到殺害，此一事件引發了穆斯林居民的叛亂，事態很快蔓延到整個新疆。

此時，喀什地區的反叛勢力持續整合，並宣布建立一個新的國家。1933 年秋天，東突厥斯坦伊斯蘭共和國成立，這是在東突厥斯坦境內首次建立現代突厥穆斯林國家。共和國成立時頒布的憲法指出，國家將以伊斯蘭教為基礎召開國民議會，並選舉出一位民選總統。建立共和國的行動應是受到了土耳其和俄羅斯穆斯林的民族主義與現代改革思想的影響[006]。

然而，這個新建的共和國未能獲得國際承認，1934 年春天，也就是宣布建立新國家成立的僅僅幾個月後，被來自甘肅的回民軍閥馬仲英的部隊瓦解，不過馬仲英也在省政府部隊的追捕下逃往蘇聯，行蹤不明。

## ◎盛世才統治下的新疆和蘇聯

亂局的最後，是由盛世才所控制。盛世才是一名出身滿洲，且在日本留學過的軍官。1933 年 4 月，當時的省政府主席金樹仁在一場政治動亂中被趕下台，盛世才因軍事實力掌握了實權。當馬仲英的部隊進攻時，盛世才請求蘇聯軍隊介入，1934 年 1 月，蘇聯軍隊開進新疆，打敗了馬仲英的部隊，馬仲英隨後轉而消滅了前述的東突厥斯蘭共和國，但盛世才隨後也消滅了馬仲英的部隊並控制整個新疆。

在蘇聯的影響下，盛世才最初提倡民族平等、宗教自

由和其他改革，也是在這個時候，來自蘇聯的「維吾爾」此一民族概念被正式採用。盛世才還將突厥穆斯林納入其政府。不過，他最終還是強化了自己的獨裁統治，並處決了大量的穆斯林，由於盛世才政權的民族政策從懷柔到鎮壓的轉變，促使 1940 年起阿勒泰地區的哈薩克人發生了一連串的反叛。

盛世才與蘇聯關係友好，獲准加入蘇聯共產黨[007]，在蘇聯的支持下，盛世才背叛蔣介石，讓新疆宛如蘇聯的一個衛星國，中國共產黨也利用新疆的特殊地位在該地區發揮了影響力。同時，蔣介石政權利用新疆與蘇聯協議，使新疆成為中國參加抗日戰爭的後方要衝，建成從蘇聯中亞經新疆到中國內地的公路，並開通航空線路。

然而，從 1941 年起，當蘇聯在對德戰爭中陷入困境時，盛世才又背叛了蘇聯，轉而投向蔣介石。結果，駐紮在新疆的蘇聯顧問和蘇聯軍隊被遣送回國，飛越新疆的航線也被切斷。盛世才逮捕並殺害一些在新疆活動的中國共產黨員，毛澤東的弟弟毛澤民也因此被殺。

後來，當蘇聯即將戰勝時，盛世才又再次試圖接近蘇聯，但遭到回絕。1944 年 9 月，盛世才倒台，被蔣介石調到重慶關押，蔣介石的影響也開始進到新疆。新疆看似脫離了蘇聯勢力範圍，被中國收復了，但其實並沒有那麼簡單。

## ◎東突厥斯坦共和國的興衰

盛世才投向蔣介石之後，蘇聯轉而援助新疆北部的穆斯林，利用他們長期以來對漢人的反感情緒。自 1944 年夏天起，在與蘇聯接壤的三個地區——阿勒泰、塔城和伊犁的突厥民族在蘇聯的支持下相繼崛起。

阿勒泰地區的哈薩克人武裝分子集結起來，成立了阿勒泰民族革命臨時政府。伊犁地區在蘇聯軍隊的支持下成立了民族解放組織，親蘇聯的知識分子、烏拉瑪（伊斯蘭學者）和穆斯林群體的上層人士因對抗中國的這一共同目標而聯合起來[008]。11 月，東突厥斯坦共和國在該區的中心城市伊寧宣布成立；隔年，三個地區的武裝力量都統一在共和國之下。在當代中國，為避免使用分離主義的共和國名稱，一般稱為「三區革命」，即革命發生在阿勒泰、塔城和伊犁三個地區。

東突厥斯坦共和國曾試圖推翻漢人對新疆的統治而組建一支民族軍，並向迪化進軍，但 1945 年 9 月在蘇聯的要求下停止前進。蘇聯曾向蔣介石承諾不會支持共和國，以換取蒙古的獨立和中國東北的權益[009]。隨後在蘇聯的調停下，東突厥斯坦共和國與新疆省政府進行了和平談判，但共和國政府內部因和平談判而發生了嚴重對立。1946 年 6月，蘇聯綁架了共和國總統，共和國在蘇聯的壓力下決定解散。

共和國因此成為蘇聯國家利益的受害者，但事情還沒完，共和國瓦解後，新疆省聯合政府成立，前共和國的掌權者加入其中，但隔年1947年，新疆省聯合政府幾乎瓦解，前共和國的人馬撤往伊犁。國民黨政府任命了一個當地民族的人擔任新疆省政府主席，但這並沒有成功拉攏前共和國人馬的支持，前共和國的人馬繼續保持對伊犁的實質控制。

1949年，在國共內戰中占據上風的中國共產黨開始在伊犁與前共和國人馬進行談判。8月，毛澤東致函給前共和國的各個領導人，邀請他們參加將在北京舉行的政治協商會議，但就在這些領導人飛往北京的途中失事，全體罹難，飛機據說是在蘇聯境內墜毀，但真相不明。

就這樣，前共和國的領導人們突然遇難，前共和國的幹部賽福鼎·艾則孜因沒有隨行，在伊犁躲過死劫，他匆匆趕到北京見毛澤東，宣布服從中國共產黨的領導。9月下旬，省政府主席包爾漢和國民黨軍隊司令陶峙岳等人也宣布加入共產黨一方。王震領導的人民解放軍隨後進入該地區，為中共在新疆的統治揭開序幕。

# 第一章

## 中國共產黨統治之始
## （1949-1955 年）

# 1、「解放」之名和實際情況

## ◎「解放者」之姿的中國共產黨

　　1949 年 11 月 7 日，在中華人民共和國宣布成立的一個月後，中國人民解放軍第一野戰軍司令員兼政治委員王震進入新疆首府迪化（今烏魯木齊），中國共產黨終於開啟在新疆的統治。

　　對於人民解放軍的進駐，當地人民分為接受和不接受兩派。在新疆省政府主席包爾漢、前共和國幹部賽福鼎等人投向共產黨的同時，哈薩克人的領導人烏斯滿・巴圖爾等人則決定和解放軍抗戰到底；另一方面，曾任新疆省聯合政府祕書長的艾薩・玉素甫・阿布甫泰肯選擇流亡，在土耳其創辦雜誌《東突厥斯坦之聲》，成為海外維吾爾人政治運動的先驅。

值得注意的是，解放軍也有受到當地民眾歡迎的時候，正如許多文獻指出的，與過去的軍閥和國民黨軍隊相比，早期的解放軍與當地民眾有時會相互合作。這樣的觀點不僅可以在中共的宣傳看到，世界維吾爾代表大會領袖熱比婭・卡德爾在自傳中也指出，當時解放軍士兵普遍受到當地民眾的歡迎，士兵們為改善形象提供無償勞動[010]；不過根據她的自傳，此後不久當地居民開始與漢人疏離。

　　中共積極討好當地民眾，能否贏得當地民眾的支持關係到中共的統治合法性。正如〈序章〉中所提到的，新疆社會長期遭受漢人統治者的壓迫，東突厥斯坦共和國的目的在推翻漢人統治，許多人對此表示認同，由此可以看出當地穆斯林對漢人的反感有多強烈。

　　中共因此提出一些對策。首先，反對漢民族主義（大漢族主義），透過表面說法，中共將自己定位為前軍閥統治下各民族的「解放者」，同時對東突厥斯坦共和國的革命運動給予肯定，並敦促所有相關人員加入該運動。中共以這種假裝寬容的方式，將自己與過去的軍閥和民族主義者區分開來，並尋求與當地穆斯林團結起來。

## ◎新疆人民政府的成立

　　中共的這種作法明確體現在新成立的新疆省人民政府的任命中。1949 年 12 月 17 日，經中央人民政府批准成立

新疆省人民政府時，任命了許多當地穆斯林。新疆省人民政府主席由國民黨時期的省政府主席包爾漢續任，包爾漢也是全中國唯一在中華人民共和國成立後還能繼續任職的國民黨時期的省政府主席。此任命是「上層統一戰線工作」的一部分，目的是拉攏著名的當地民族政治家。

在他之下的副主席是前東突厥斯坦共和國的幹部賽福鼎，與漢人高錦純並列。正如〈序章〉中提到的，在中華人民共和國成立之前，賽福鼎代表已故的前共和國領導人前往北京會見毛澤東，並表示願意服從中國共產黨的領導。當時，他與總兵力超過 1 萬 4 千人的前共和國民族軍隊進行了談判，讓民族軍改名並編入人民解放軍。從此以後，賽福鼎就被毛澤東視為前共和國政府及軍隊的代表，因此也被籠絡為新政府的副主席。

也有其他穆斯林被任命重要職位，不只維吾爾人，哈薩克人、烏茲別克人等也被分配到職位，這些任命表面上是為了促進民族團結，然而實際的政治權力還是由中共組織（以下簡稱黨組織）控制，與政府機構分開存在，而新疆的黨組織最初是由王震和其他漢人幹部鞏固[011]。

## ◎早期的黨組織和少數民族菁英的誕生

早年新疆的黨組織是由漢人鞏固，想當然爾，這是因為除了盛世才當政的那段時期，共產黨在新疆從未有根基。

中共在著手治理新疆時，在新疆黨組織的最高層設立了一個名為中國共產黨中央新疆分局（以下簡稱新疆分局）的組織，王震被任命為新疆分局的書記，他同時也是駐紮在新疆的解放軍第一野戰軍第一兵團的領導人，黨和軍隊在新疆都全權交給了王震一人。

王震領導下的新疆分局中有漢人老幹部，當中的代表性人物王恩茂長期跟隨王震南征北討，當時王恩茂作為南疆區（喀什）黨委書記負責新疆南部的黨組織，後來取代王震成為新疆黨組織的一把手。1949 年 8 月，在新疆「解放」之前，鄧力群從莫斯科前往新疆，鼓吹國民黨軍隊投誠，而後留在新疆擔任新疆分局的宣傳部部長。鄧力群在 20 世紀的 80 年代成為中央宣傳部部長，有「左王」的稱號。

早期的黨組織是由漢人組成，未見當地的穆斯林，但在經過毛澤東於 1949 年 11 月 14 日的指示之後，這種情況發生了變化。毛澤東的指示是針對時任中共中央西北局第一書記彭德懷，該局控制著包括新疆在內的中國西北地區，毛指出「要徹底解決民族問題，完全孤立民族反動派，沒有大批從少數民族出身的共產主義幹部，是不可能的[012]」，強調在新疆創建少數民族幹部的重要性。

雖然從今天的角度來看，讓人感到有些意外，但毛澤東非常重視少數民族幹部的培訓，也打算利用他們。在同一指示中，毛澤東表示，少數民族地區幹部的民族構成應與人口的民族比例相對應。這裡的少數民族是指中共民族

分類中漢人以外的各個民族，新疆的黨幹部是從維吾爾人和哈薩克人等當地穆斯林中產生。

1949 年 12 月 30 日，黨組織為包爾漢、賽福鼎和其他 15 名「少數民族中的先進分子」舉行了入黨儀式，他們沒有經過候補就入黨，包爾漢、賽福鼎於隔年 1950 年 10 月 11 日被選為新疆分局的委員，從入黨到成為新疆分局的委員只用了不到一年的時間[013]。隨後，賽福鼎成為新疆分局民族部長，專門負責民族關係，指導民族間的融合工作，在他的領導下，出現了一批少數民族的菁英。

## ◎反對共產黨的抵制運動

新疆各地對解放軍的抵抗從未停止，中共確實需要藉由引入當地穆斯林來穩定治理。正如毛澤東在前述指示中強調的，需要「從少數民族出身的共產主義幹部」來徹底孤立各個地方仍然存在的「民族反動派」。

毛澤東所說的「民族反動派」的一個例子是農村社會的上層。一些地主對中共勢力的增長感到恐懼，試圖抵抗，中共對這些抵抗的回應是開展「減租反霸」運動，在中共的脈絡下，指的是將「惡毒的地主」拖到集會上，指責他們過去的錯誤行為並將其處決的政治運動，這項運動已經在內地廣泛實行。當運動被引入新疆時，東突厥斯坦共和國曾經所在的「三區」處於特別尷尬的位置，一些加入共

產黨的前共和國領導人被歸類為地主，由於「三區」被視為「解放區」，他們最初不願意在這「三區」實施「減租反霸」，但最終還是進行了。當時的報紙揭露，包括「三區」在內的整個新疆都有許多「惡毒地主」在貧農或妻妾們的告發下被處決的事件。

除了地主的抵抗之外，更棘手的是軍事方面不受共產黨統治的國民黨籍穆斯林，其中最著名的是堯樂博士。堯樂博士是 1931 年哈密起義的領袖之一，當時他反對盛世才，與國民黨政府接觸，共產黨接收新疆後，堯樂博士被新成立的新疆省政府任命為哈密地區的專員（政府領導人），但在 1950 年 3 月，他選擇站在國民黨這一邊，並發起一場反叛行動，反叛軍圍攻伊吾縣城，但被解放軍的增援部隊擊敗，堯樂博士後經印度渡海前往臺灣。在反叛期間，堯樂博士被國民黨任命為新疆省主席，這次反叛應該是對反攻大陸的一次呼應。

除了這些與國民黨有關的勢力，還有一些曾經屬於東突厥斯坦共和國，但沒有加入共產黨而選擇抵抗的人，比如烏斯滿·巴圖爾領導的哈薩克民兵組織[014]。烏斯滿得到了哈薩克遊牧民族的廣泛支持，且對漢人抱有同樣的反感，而成為共產黨的嚴重威脅。1950 年 5 月，新疆分局召開了哈薩克人民代表會議，試圖將哈薩克群眾從烏斯滿的勢力中分離出來，迫使他們投誠。然而，哈薩克群眾反而對共產黨的階級鬥爭和「減租反霸」等政治運動感到不安，並

沒有按照共產黨的意願投誠，因此解放軍發起了「剿匪」作戰，導致許多人死亡。

　　隨後烏斯滿被解放軍活捉，1951 年 4 月 29 日被新疆省各族人民代表會議特別成立的臨時審判委員會判處死刑，並於當天執行。雖然對解放軍的武裝抵抗暫時鎮壓住了，但抵抗運動在「解放」後仍持續了一年多。對於許多哈薩克遊牧民族支持烏斯滿一方，而不是共產黨，中共高層認為，解放軍必須打一場艱苦的戰鬥，並作出下列總結。

## ◎王震和習仲勳的對立

　　1952 年 6 月，在北京召開的新疆分局常委會議上，對王震過去在新疆擔任黨和軍隊一把手時的政績與錯誤進行了總結，特別是王震在鎮壓烏斯滿和其他「反革命分子」的過程中讓許多哈薩克遊牧民族反對他，被認為有問題，習近平的父親習仲勳當場嚴厲批評了王震。當時，習仲勳是中共中央西北局的第二書記，該局是新疆分局的一個上級組織，負責包括新疆在內的整個中國西北地區的事務。

　　這時習仲勳批評王震擅自採取激進的政策，沒有遵循西北局對遊牧區的慎重穩進路線；簡單來說，王震的新疆分局和習仲勳的西北局在對遊牧區的政策是激進或溫和的問題上出現矛盾。在雙方的對立上，軍方站在習仲勳這一邊，因為毛澤東非常重視這個問題，因此在會議上決定解

除王震的新疆分局第一書記職務，王震被迫離開新疆。

　　王震被撤職後，習仲勳進入新疆主持 1952 年 7 月至 8 月在迪化召開的新疆省第二屆黨代表會議，其目的是對遊牧區採取穩進政策，「穩進」便意味著在遊牧區不急於進行社會改革，遊牧民的生活要先得到改善。習仲勳等人還帶著新疆分局的領導到天山腳下的遊牧區慰問，並邀集 300 多名各界人士參加在伊寧舉行的座談會，說明政府的政策。

　　習仲勳顯然主導的是穩進路線，強調統一戰線。按照中共的標準，習仲勳的這種態度比較「右」，不是一個急於建設社會主義的激進左派，在當時符合毛澤東的意思，但後來隨著政策進一步向左轉而成為批評的對象，因此習仲勳在文革中飽受折磨，文革後他獲得平反，但近年來隨著習近平加強對新疆的控制，他的事蹟已不再被拿到檯面上議論。

　　順帶一提，王震受到毛澤東的賞識，仍繼續留在新疆分局第一書記的位置，沒有倒台；1956 年，他被任命為農墾部長，是領導新疆生產建設兵團的中央機構負責人（「領導」比指導有更強的控制力）。接替王震擔任第一書記的王恩茂是王震的親信，此後王震在新疆仍有隱藏的影響力。1999 年出版的《王震傳》提到了習仲勳對他的批評[015]，但在 2008 年的版本中，相關部分被刪除[016]，可能是考量到當時的習近平很有可能成為下一任國家主席。

## ◎土地改革和黨的建設

　　新疆政策在 1952 年做出部分調整，這是為了迎接該年稍晚開始的土地改革。當時在大多數內陸地區已經進行土地改革，不僅少數地主受到攻擊，正如在「減租反霸」運動中所看到的那樣，還包括清算所有「階級敵人」的財產，把他們送去勞動改造、將他們處死等。這場運動的迫害規模並不亞於 20 世紀 20 年代末和 30 年代初的蘇聯「去富農化」運動。

　　如果把土地改革直接引進新疆，外來的漢人黨員就會攻擊穆斯林地主，真正的衝突核心就會從階級轉移到民族，整個當地社會都會與中共為敵。因此中共中央在 1952 年 5 月 17 日《關於新疆土地改革工作的指示》中規定，土地改革要慎重，在民族和宗教問題上要讓步，清真寺等宗教設施的土地不能動，改革不能在遊牧區和半遊牧區進行，保護需要保護的人和不應殺太多人[017]。

　　為此，新疆分局在習仲勳出席的新疆省第二次黨代表會議上通過了《關於農業區實行土地改革的決議》，並自同年 9 月至 1953 年底推動土地改革，新疆分局還於 1952 年 11 月頒布了關於長期保護上層黨外人士和專家的規定。所謂的「上層黨外人士」是一個寬泛的概念，包括國民黨和東突厥斯坦共和國等各種人，強調這些人的過去不應受到質疑，如果他們已經改過自新就應受到保護。中共以這

種方式制定特別保護措施，縮小敵人的範圍。據記載，土地改革期間，全新疆共沒收了 15 萬多公頃土地，分配給 65 萬戶農民[018]。

　　為了讓土地改革順利進行，開始著手黨的建設（建黨工作），在農村地區建立黨支部，讓農村工人入黨。由於鼓勵當地農村的穆斯林入黨，從 1952 年底到 1953 年底的一年中，新疆少數民族的黨員人數從約 2 千人增加到 5 千人，在這 5 千人中，大約有 4 千人是維吾爾人，漢人黨員的數量也同時從約 5 千人增加到 7 千人[019]，雖然漢人在絕對數量上超過了少數民族，但在共產黨幾乎零基礎的新疆農村，接受當地的穆斯林黨員頗具意義。這一時期產生的新疆黨員成為土地改革的實戰部隊，從長遠來看，成為當地既得利益者的基礎，也是日後在共產黨與少數民族對抗結構中無法全盤掌握的中間人。

## 2、新疆維吾爾自治區和新疆生產建設兵團 的成立

### ◎蘇聯的存在

　　中共在「解放」後立即開始為其在新疆的統治打下基礎，吸納投誠的勢力、在農村地區招募新黨員，但為了將新疆完全控制住，中共不得不面對自 1930 年代以來在新疆

加大影響的蘇聯。為了使新疆屬於中國，必須消滅蘇聯的影響。

　　蘇聯是中華人民共和國在社會主義陣營中的盟友，但回顧歷史，在盛世才背離蔣介石的國民黨政府，以及在東突厥斯坦共和國擴大軍事力量的背後，始終有著蘇聯的身影。鑑於過去共產國際和中國共產黨之間的複雜關係，蘇聯也不是毛澤東可以完全信任的夥伴，儘管蘇聯曾派遣飛機協助人民解放軍進駐新疆，但蘇聯仍是中共在新疆統治的潛在威脅。

　　蘇聯對中共主權造成的威脅，可由其保留在新疆的利益當例子說明。1950 年 3 月 27 日，中蘇簽署了一項協議，規定在新疆建立中蘇石油公司、中蘇新疆有色金屬及稀有金屬公司兩家中蘇合資企業，在法律上接管了蘇聯以前從盛世才政權和前東突厥斯坦共和國獲得的探勘與開採地下資源的部分權力。在此期間，蘇聯讓中共承認其在旅順口海軍基地等的權益，新疆的利益也是蘇聯讓中共承認的權益之一，直到 1954 年 10 月，當時的蘇共第一書記赫魯雪夫正式訪問中國，才將蘇聯在各個合資公司的股權轉讓給中國。即使在中華人民共和國成立後，蘇聯對新疆的經濟控制仍然很強。

## ◎親蘇的當地穆斯林

對中共來說，新疆穆斯林中大量對蘇聯有強烈好感的「親蘇分子」比前述這些利益更具威脅。當時中蘇關係友好，所以「親蘇」在表面上不是問題，然而新疆當地民族的「親蘇」和對漢人的反感是一體兩面，特別是與前東突厥斯坦共和國有關的人，與蘇聯關係密切而對漢人反感。當時，中共正在推動統一戰線，積極號召入黨，隨著這類「親蘇分子」不斷入黨，當地民族和漢人之間的衝突也被帶入黨內，中共語境中的幹部「團結」成了一大考驗。

在當時幾次的新疆分局會議上都討論到當地民族幹部與漢人幹部「團結」（對立）的主題報告。1951 年 3 月 4 日，從前東突厥斯坦共和國投誠中共的官員在伊寧舉行的「五十一人座談會」中，可以看出當時民族幹部的主張。

座談會上大膽提出了以下幾點主張：

第一點：新疆應該是中華人民共和國內的一個共和國（或是一些文獻指出的，是一個自治共和國），其名稱應該是中華人民共和國的維吾爾斯坦共和國。

第二點：外交和軍事事務由中央人民政府管轄，但共和國境內的人民解放軍基本上由當地民族組成。

第三點：共和國有權與蘇聯簽訂文化交流協議，並與蘇聯中亞各個共和國直接進行文化交流。

第四點：駐紮在新疆的人民解放軍和漢族幹部應撤到甘肅省以東的內地。

第一點主張明顯受到了蘇聯聯邦制的影響，要求新疆應該像蘇聯在中亞地區那樣建國。第三點主張與蘇聯簽訂協議並與蘇聯中亞地區聯合起來，也清楚表明了他們親蘇的立場。最後要求漢人從該地區撤出的第四點，直白地表達了他們對漢人的反感。然而，這些主張還是以承認新疆是中華人民共和國的一部分為前提，而非一份獨立聲明。

## ◎王震的憤怒與恐懼

對於新疆這些看著蘇聯的國家建設長大的「親蘇分子」來說，這些觀點是很一般的想法，更何況此時的統治者不是國民黨，而是蘇聯的兄弟黨——共產黨，所以自然認為這些要求可以被接受。然而，在時任新疆分局第一書記的王震和其他漢人幹部眼裡，這些要求正是一種民族分裂行為。

在隔月的新疆分局會議上，舉行座談會的當地民族幹部遭到王震的訓斥。在當時擔任口譯員的回憶錄中指出，被激怒的王震說：「去年安排你們到北京參加第一屆國慶節，你們竟敢在中央領導面前搞分裂活動，簡直猖狂到了極點！」、「你的肚子這麼大，是不是剝削勞動人民的血汗，

天天吃抓飯吃的？」、「你為了保護剝削階級地主惡霸的
利益，說什麼三區沒有惡霸地主，明目張膽地搞分裂，想
自己當國王，繼續壓迫剝削人民！[020]」。

　　但這不是責備完這些舉行座談會的幹部就可以解決的
問題，當地民族幹部的主張在相當程度上代表了當地社會
的聲音。在座談會前後就發生一場要求將伊犁、塔城和阿
勒泰這三個地區作為「共和國」併入蘇聯的運動，所以相
比之下，座談會的主張至少還是傾向中共。

　　總的來說，當時新疆的漢人在「親蘇」和「反漢」的
地方社會中顯得突出。當時，相較於融入新疆社會的蘇聯
人，甘肅以東的中國內地「中國人」（漢人）則被視作是
外國人。可能由於恐懼當地人民與蘇聯串連，導致了王震
的憤怒。中共會給新疆什麼具體的自治權，與蘇聯的聯邦
制有什麼不同，能被新疆的親蘇幹部和人民接受嗎？都是
中共面臨的難題。

## ◎對民族區域自治的探索

　　中共如何回應這些問題？在中華人民共和國成立之
前，中共已經明確表示，國家不會像蘇聯那樣實行聯邦制，
而是實行一種稱作民族區域自治的制度。不過，當時只有
內蒙古自治區成立，其他少數民族地區的具體自治形式在
建國時期尚未確立。

1951 年，中共終於開始正式徵求新疆各界的意見，並展開調查，但在調查前發生了「五十一人座談會」和要求將三區併入蘇聯的運動，親蘇的地方群眾提出這樣的要求，對新疆分局和中國國家而言完全不能接受。

這時新疆分局有一個將新疆省分為三部分的計畫，在維吾爾人占多數的南部地區、漢人占多數的東部地區和哈薩克人占多數的北部地區分別建立自治區，並建立一個由維吾爾人擔任政府主席的「維吾爾人民政府」，但這個提議沒有得到中共最高領導層的同意，當時周恩來和其他最高領導成員意識到，新疆並不只屬於維吾爾人，而是屬於各個民族，新疆省的政府應該是一個民族聯合政府，而不是「維吾爾族人民政府」。即便在這之後，仍有意見認為應該重視維吾爾人以外的其他民族政治主體。

## ◎自治單位的嵌套結構

1952 年 8 月，「維吾爾族人民政府」方案被否決後，中央人民政府制定了《民族區域自治實施綱要》，規定了如何建立民族區域自治的基本政策。《綱要》規定，省一級及省以下如縣的行政單位都應根據當地居民的民族構成建立自治政府（第七條），確立包括非維吾爾人在內的各民族聚居區，按各自的規模設立自治鄉、自治縣等自治單位的政策。

自此之後，根據民族構成、民族分布等的調查結果，行政單位從下級至上級的先後順序賦予自治權。1953 年開始在鄉鎮一級建立自治單位（自治鄉），1954 年擴展到縣級以上而相繼組織六個自治縣、五個自治州。其中，曾是東突厥斯坦共和國範圍的「三區」伊犁哈薩克自治州比其他自治州級別更高。隔年 1955 年廢除新疆省，成立新疆維吾爾自治區時，形成了一個嵌套結構，例如自治區內設有伊犁哈薩克自治州，以及察布查爾錫伯自治州。

　　至於伊犁哈薩克自治州的首府伊寧、克孜勒蘇柯爾克孜自治州的首府阿圖什，以及巴音郭楞蒙古自治州的首府庫爾勒，這些城市雖然擁有大量維吾爾人口，但在行政上卻是其他民族自治區的首府；之所以採取這樣的措施，是因為哈薩克人、柯爾克孜人和蒙古人等遊牧民族沒有集中居住的城市，因此讓這些人口數少於維吾爾人的遊牧民族優先設立自治區。

## ◎新疆維吾爾自治區名稱的決定過程

　　1952 年 8 月，在《民族區域自治實施綱要》頒布階段，新疆省即將成立的自治區名稱還沒有確定；1953 年 3 月 27 日，在鄧小平、習仲勳和統戰部長李維漢給毛澤東的報告中表明，毛澤東最初曾想到用「新疆自治區」作為新自治區的名稱，當時的提案並沒有包括「維吾爾」這一民族名

稱[021]。

　　從「新疆自治區」轉變到「新疆維吾爾自治區」的關鍵人物是賽福鼎。習仲勳詢問包爾漢和賽福鼎關於自治區名稱的意見，賽福鼎不同意「新疆自治區」的名稱，他認為根據《民族區域自治實施綱要》第 8 條（民族自治區的名稱由民族名稱和地方名稱組成，特殊情況除外[022]），新自治區的名稱應包含「維吾爾」此一民族名稱。

　　事實上，賽福鼎的主張與新疆自治的主體民族問題有關，當時有人呼籲將維吾爾人作為新疆的「主體民族」，就像漢人作為中華人民共和國的「主體民族」一樣，中共在新疆實行民族地區自治時，決定給予占新疆人口多數的維吾爾人「主體民族」的地位[023]，因此將「維吾爾族」納入自治區名稱合情合理，如果沒有「維吾爾」這一民族名稱，就不清楚該自治區主體為哪個民族。另外，如果只用「維吾爾」而非「維吾爾斯坦」，沒有讓人聯想到前東突厥斯坦共和國的「斯坦」二字，漢人更容易接受，最終毛澤東也同意在自治區的名稱中加入「維吾爾」此一民族名稱[024]。

　　關於自治區的名稱還有另一個選項，也就是不使用「新疆」一詞，而用「天山維吾爾自治區」的提議。新疆這個地名大約在清朝乾隆時期開始使用，意思是清朝的一個新地區或新領土，而且顯然是從征服者的角度出發，因此在當地穆斯林中不受歡迎，鄧小平、習仲勳、李維漢等中央

領導似乎也聽到了賽福鼎等人的這些意見，但最後他們認為「新疆」兩個字沒有貶低少數民族的含義，「天山」的提議被否決，「新疆」這個地名得以保留，但新疆省會迪化有教化野蠻人的含義，因此將該市的名稱改回古名的烏魯木齊。

## ◎新疆維吾爾自治區的誕生

「新疆維吾爾自治區」這一名稱雖被採納，但在自治區成立前舉辦的各種大大小小的座談會、辯論會中都出現了反對建立「自治區」的意見，目前中國的許多文獻都沒有提到這點，但根據當時新疆分局統一戰線部長呂劍人的回憶錄指出，新疆省成立「新疆維吾爾斯坦共和國」或「維吾爾自治區共和國」的想法是由當地民族幹部提出[025]，當地穆斯林認為應該將蘇聯的聯邦制引進中國，新疆應建成共和國的觀點根深蒂固。

對於這種主張，呂劍人解釋說，根據《民族區域自治實施綱要》，且以蘇聯成立時的情況與現在（50 年代）中國的情況不同為由，既不能成立聯邦，也不能成立共和國。因此，1955 年 10 月，在當地民族幹部的反對下，新疆維吾爾自治區依舊成立，新疆親蘇派希望建立共和國的想法被忽視，中國的自治區概念籠罩在新疆的大地上。

新疆維吾爾自治區成立後，賽福鼎被任命為自治區主

席，作為前東突厥斯坦共和國領導層的倖存者和新疆當地民族幹部的代表而曾與毛澤東等人談判，受到高度信賴，因此理所當然地被任命為主席。不過需要注意的是，中國的政府（人民委員會）主席隸屬於黨委書記，新疆的最高領導人不是賽福鼎，而是黨委第一書記。隨著新疆維吾爾自治區的成立，新疆分局改組為新疆維吾爾自治區黨委，王恩茂繼續擔任第一書記，即使在自治區成立後，漢人仍然是新疆的最高領導人。

## ◎新疆生產建設兵團的誕生

新疆生產建設兵團成立於 1954 年，與新疆實施民族區域自治的時間大致相同，生產建設兵團是一種屯田兵，在和平時期進行農業生產，在戰時進行「國土防衛」。1950年，駐紮在新疆的 11 萬解放軍部隊奉命從事農業生產，並將這支部隊與歸順共產黨的前國民黨部隊合併，成立兵團。同時，兵團還吸收了第五軍的一部分成員，第五軍是由前東突厥斯坦共和國成立時的民族軍改編而成，包括少量的當地民族。由於軍團的大部分成員是漢人，包括一些前國民黨軍隊，軍團的名義領導人、司令員陶峙岳也是一名國民黨軍人，實際的最高領導人是新疆分局第一書記王恩茂，以政委的身分領導兵團。

生產建設兵團最初由新疆分局、新疆軍區和新疆省人

民政府管轄，新疆維吾爾自治區成立後歸自治區和軍區管理，隔年 1956 年國家農墾部成立時，又歸自治區和國家農墾部管理，意味著生產建設兵團不是只有接受新疆維吾爾自治區政府的領導，換言之，以生產建設的名義，在新疆創造了一個自治區無法自行管理且以漢人為主體的世界。

兵團隨後接納了來自內地的移民進行開墾，說是有助於提高糧食產量。耕地面積從 1954 年的不到 8 萬公頃增加到 1966 年（單年）的 81 萬公頃，增幅超過 10 倍。不過對當地社會來說，兵團是漢人移民的先頭部隊，兵團的總人口從 1954 年的 18 萬劇增到 1966 年的 149 萬，僅統計數字就增加了 8 倍之多[026]。這些人當中大多是來自內地的漢人，隨著漢人移民的迅速增加和開墾土地的擴大，當地穆斯林對此愈加恐慌，因此中共開始就兵團是如何受到當地人民的歡迎，以及如何為新疆經濟做出貢獻等加大宣傳。

如前所述，新疆社會傳統上屬於伊斯蘭世界，近代以來一直崇尚俄羅斯和蘇聯文化，自此漢人移民有組織地進入該地區，從根本上改變了社會的結構，意圖讓整個社會朝中國化的方向發展。


## ◎新疆的中國化和蘇聯

藉由漢人移民讓當地社會中國化的現象，在華人世界周邊也經常可見，例如中共建政之前的滿洲和雲南等。然

而中共在新疆試圖透過由上而下的政策，以更快的速度完成這一目標，背後的一個直接因素也與史達林對中共提出的建議有關。

1949 年 6 月，史達林對訪問蘇聯的劉少奇指出，應盡快奪取新疆，當時史達林曾說，控制新疆的關鍵是將生活在該地區的漢人比例從當時的不到 5％提高到 30％[027]，中共日後的決策顯然是受到這一建議的影響。中共決定在 1949 年底前占領新疆，並在占領後讓解放軍繼續駐紮在新疆，而後即使因朝鮮戰爭需要，將部隊轉移到東北地區，仍繼續在當地駐紮了大部分的部隊，並創建了生產建設兵團。由於接受了來自內地的移民，根據官方記錄，新疆的漢人人口在 1949 年約為 29 萬人，到了 1962 年暴增至約 208 萬人，約占新疆人口的 30％（見頁 30「新疆民族別人口表」）。

漢人勢力進入新疆是受到史達林建議這件事相當耐人尋味，前東突厥斯坦共和國的當地穆斯林曾一度得到蘇聯的援助，日後也繼續把希望寄託在蘇聯身上，但蘇聯沒有回應，而是先後與國民黨和共產黨合作，可說蘇聯拋棄了新疆，轉向更大的利益。赫魯雪夫在史達林的接班人鬥爭中勝出後，宣布將蘇聯的利益還給中國，因此，蘇聯在新疆剩餘的經濟影響力逐漸消失，居住在新疆的蘇聯人和白俄人以及他們的後代陸續遷往蘇聯境內。

蘇聯這樣的轉向也意味著新疆親蘇派遭到拋棄，熱比

娅·卡德爾就在自傳提到，她的父親當時對此感到絕望
[028]，但無論新疆的穆斯林如何感嘆自己民族的不幸都無法
重來，所有對中國共產黨的抵抗勢力都遭到粉碎，轉向共
產黨的當地穆斯林希望中國至少能採用蘇聯式的聯邦制度，
讓新疆成為聯邦制中國的一個共和國的願望也被明確否定
了，當漢人大舉移民時，他們只能眼睜睜看著事情發生。

　　中共在新疆開始統治之際，也就等同於新疆中國化的
開始，中國內地的漢人行政當局將蘇聯的影響從該地區排
除，擴大漢人的勢力。新疆維吾爾自治區和新疆生產建設
兵團的成立表明，新疆中國化的第一階段至少已經按照中
共的計畫完成。

# 第二章

## 作為中蘇對立的前哨
## （1956-1977 年）

# 1、社會主義化和反右派鬥爭

## ◎工商業的集體化和國有化

　　1955 年新疆維吾爾自治區成立，這件事對漢人來說，是實現了少數民族的自治，但對於親蘇的當地穆斯林來說，很難不認為這是統治者拋棄他們之後又賞賜的東西。即使在自治區成立後，新疆的治理也是由以漢人為中心的黨組織主導，已無法與內地的政治保持距離。不僅如此，在自治區成立的同時，中共在全國各地大力推行的社會主義化浪潮也推向了新疆社會。

　　這裡所稱的社會主義化浪潮首先是工商業的集體化和國有化，然後是農業的集體化。內地的工商業集體化和國有化從 1954 年到 1956 年的短時間內實施了「公私合營」，即政府參與了私營公司的管理。諷刺的是，新疆的「公私

合營」政治運動是在新疆維吾爾自治區成立，號稱實現了少數民族自治的 1955 年 10 月發起的。新疆的「公私合營」執行時間比內地短，1956 年 1 月 23 日，自治區首府烏魯木齊宣布完成工商業的「公私合營」，自治區內的其他地區也在同年年底基本完成了「公私合營」，也就是對工商業的社會主義改造[029]。

這種工商業的集體化和國有化導致許多人世代積累的私有財產被沒收。那些在內地財產遭到沒收的人已經夠悲慘了，但對於新疆當地的穆斯林來說，情況甚至更加嚴重，這不僅是社會主義化所造成的悲劇，外來的漢人沒收本地穆斯林財產這件事還包含了民族上的意涵。

熱比婭・卡德爾（當時 8 歲）的家人也遭到同樣的犧牲，她在自傳中描述了家人們是如何被 20 名解放軍士兵趕出他們的老家。她的父親經營小吃店、理髮店、麵包店和公共澡堂，直接受到工商業國有化的衝擊，雖然沒有因此喪命，但也不得不放棄自己的財產。隨著新疆維吾爾自治區剛剛成立，社會化浪潮的到來，中國政府背棄了「民族自決權與和平共處的承諾」也不是不可能[030]。

## ◎農業集體化

如果說工商業的集體化和國有化是對城市的社會主義改造，那麼農業集體化則是對農村的社會主義改造。從

1955 年下半年開始，農業集體化在全國迅速展開，這是一場創建合作社的運動，又被稱為農業集體化。這場運動起因於同年 7 月毛澤東在題為「關於農業合作化問題」的報告中，批評那些緩慢進行集體化的幹部，說這就像一個「小腳女人」在東搖西擺地走路。1955 年秋天，新疆維吾爾自治區成立後，迅速推進合作社的建設。根據《新疆日報》的報導，同年 9 月到 11 月下旬，整個新疆如雨後春筍般建了約 2000 個農業合作社。

隨後，合作社的建設與合併一直進行到 1956 年春天。1956 年 3 月 10 日的報告指稱，新疆 85％的農民已經加入合作社[031]。同月，全國的合作社組織率為 89％，因此，如果統計數字正確，意味著新疆在合作社組織率方面幾乎與全國平均相當[032]。

不過這種倉促的農業合作化也自然在全國各地造成了一些負面影響，尤其農業生產越來越遭到忽視，迫使各省和自治區做出對策，新疆在這方面也不例外。1956 年 2 月，新疆維吾爾自治區黨委發出關於「做好春季農牧業生產工作」的指示，隔月又發出緊急指示，要求「暫停」合作社建設，「把春耕生產放在農村工作的首要地位」，並強調「這絕不是右傾保守[033]」。

全速啟動後再踩剎車的這種調整也與內地的情況類似，雖然倉促推進的結果得到了一定的調整，但合作化和合作社的合併、升級趨勢並沒有停止。截至1956年底，新

疆76.5％的農家已被納入一個較大規模的「高級合作社[034]」。當時全國87.8％的農民都在「高級合作社」，新疆雖略低，但也沒落後多少[035]。

透過農業集體化，習仲勳在1952年於新疆推行的穩進路線退卻了，由於最高領導人毛澤東本人也推動社會主義化，因此取而代之的是激進的社會主義化浪潮襲捲新疆大地。在毛澤東的權威下，不再允許因為是少數民族自治區而採取比內地更寬鬆的方式。


## ◎反右派鬥爭的波及

在進到大躍進政策，即農村社會化的延續之前，先探討一下新疆反右派鬥爭的發展。1956年前後，共產黨在新疆推進的各項政策，時間上與內地同步且毫不留情，1957年起反右鬥爭在內地展開後也迅速蔓延到新疆。

反右派鬥爭是一場全國性的肅清運動，是中共對日益高漲的批評聲浪所作出的反制措施。這波批評聲浪主要在1957年上半年爆發，當時共產黨允許自由和多元的言論活動（百花齊放、百家爭鳴），包括批評共產黨越來越把國家當作自己的財產，以及批評共產黨獨自決定政策等。共產黨從1957年6月起以嚴厲的鎮壓作為回應，城市知識分子成為首要目標，多達15萬人被貼上右派分子標籤，包括那些被誣陷者，並將他們趕出原有的工作場所和居所。

新疆的真實情況至今仍不明，但根據《中國共產黨新疆維吾爾自治區組織史資料》，約有3,200人被誤稱為右派[036]。新疆的反右鬥爭具體對象是被視為「地方民族主義者」的少數民族，用新疆維吾爾自治區黨委第一書記王恩茂的話說，「地方民族主義者」指的是主張分離主義，反對國家統一和「民族團結」的勢力；換句話說，這些人是當地普遍存在的穆斯林，他們對黨的民族政策和漢人幹部的暴政感到不滿。上一章提到關於新疆建立共和國的論點和對新疆維吾爾自治區名稱的反對意見，此時都被視為「謬論」而受到嚴厲批判，各路人馬一律被貼上「地方民族主義者」的標籤，扔進批判鬥爭的漩渦中。

## ◎反右派鬥爭的過程和結果

在新疆反右鬥爭過程中，最重要的是新疆維吾爾自治區黨委的擴大，委員會擴大會議於 1957 年 12 月到 1958 年 4 月召開，召開時間比以往長。大約在這一時期前後，開始對「地方民族主義」進行了全面攻擊，而率先發起攻擊的正是賽福鼎等少數民族幹部。

1957 年 12 月，自治區黨委擴大會議開幕後，賽福鼎發表題為《堅決反對地方民族主義，為社會主義的偉大勝利而奮鬥》的報告。報告涉及的問題範圍很廣，新疆維吾爾自治區的名稱問題也有提及。針對對自治區名稱的異議，

賽福鼎嚴厲地問道：「新疆象徵著重新建設的一個地區，也就是意味著由人民自己管理的一塊『新的土地』，這又有什麼不好呢？」，並表明「我們是根本反對任何鬧獨立的資產階級民族主義」的立場[037]。

賽福鼎演說後，多位少數民族幹部在自治區黨委擴大會議上發表講話，捍衛中共的民族政策，並公開批評「地方民族主義」，與之畫清界限，表明對黨的忠誠，由此產生了少數民族批評少數民族的現象。

1958 年 4 月，自治區黨委擴大會議得出結論，自治區政府文化廳長、民政廳長、伊犁哈薩克自治州副州長組成「反黨集團」，另外與烏魯木齊市市長、自治區商務廳副廳長等共五人被開除黨籍，多名幹部遭到處分。

反右派鬥爭還蔓延到伊犁哈薩克自治州，時任州長的哈薩克人賈和達・巴巴里科夫被指控組建「反黨集團」，對漢人和其他民族極為敵視，並試圖將自治州變成「獨立王國」。1958 年 8 月，賈和達遭開除黨籍，自治州以下的黨組織也被要求對「地方民族主義」進行鬥爭，導致當地穆斯林的知名人士陸續垮台[038]。

如前一章所述，伊犁哈薩克自治區位於原來的東突厥斯坦共和國中心，哈薩克遊牧民族抵抗解放軍的進駐，因此許多人都有可能成為遭鬥爭的對象，除了這一歷史淵源，1955 年在自治州發現的克拉瑪依油田也為自治州領導層帶來殺機，以及當地居民強烈反對中央政府試圖將克拉瑪依

作為直轄市從自治州中分離出來，可能也導致了這次的鬥爭[039]。

反右鬥爭的結果導致被認為對共產黨不忠的少數民族幹部遭到開除，領導層得到清洗。一些沒被盯上的少數民族幹部帶頭批判「地方民族主義」，為共產黨的民族政策辯護，得以倖免。正如本人在《民族自決與民族團結》一書中統計的那樣，新疆維吾爾自治區的大多數少數民族幹部都成功地免於垮台的命運[040]。然而，反右鬥爭也確實營造了一種共產黨的政策不容挑戰的氛圍，接下來要講的大躍進就是在這種情況下進行的。

## ◎大躍進的展開

1958 年開始的大躍進運動是毛澤東早於蘇聯推進社會主義建設的激進政策，緊接著人民公社的建立、動員鋼鐵生產等各項政策推展。計畫的糧食生產目標值過於魯莽，缺乏客觀性，導致全國糧食嚴重短缺，許多人因此喪命。

新疆維吾爾自治區大躍進運動的具體過程至今尚未完全明朗，但是翻開當時的《新疆日報》可以看到對新疆的大躍進運動大肆宣傳的報導。例如，1958 年 9 月 27 日的《新疆日報》報導中，自治區黨委下達緊急指示，動員全黨全民進行「土法煉鋼」的鋼鐵生產[041]，這個時期中國各地都在使用被稱為「土法高爐」的小型熔煉爐進行「土法煉鋼」，

生產出大量無法使用的劣質鋼鐵。前一個月這個政策才在政治局擴大會議（於北戴河召開，又稱北戴河會議）上正式通過，因此可以說新疆的大躍進運動幾乎是與內地同步開始的。

然而早在 1958 年底前，各地農業生產停滯和糧食短缺現象就已經開始顯現，中央領導人在政策方向上出現了意見分歧。1959 年 7 月，彭德懷在政治局擴大會議和第八屆八中全會（於廬山召開，又稱廬山會議）針對大躍進運動問題上書毛澤東，被毛澤東批為右傾機會主義，指的是批評大躍進運動，即批評毛澤東的激進路線浪潮。8 月以來，隨著全國各地反對這種右傾機會主義（反右傾鬥爭）的呼聲，新疆領導層也開始反對右傾思想。

而此時，自治區人民委員會主席賽福鼎再次成為新疆反右運動的領頭羊。8 月 15 日，賽福鼎在自治區黨委召開的幹部動員大會上指出自治區全黨組織的任務是堅決反對右傾保守思想，強調全面貫徹落實增產節約運動[042]，意味著支持大躍進，擁護毛澤東的激進路線。繼反右鬥爭後，少數民族幹部也扮演了代言人的角色，向社會傳達毛澤東的主張。


## ◎大躍進運動的始末

大躍進運動造成中國各地糧食危機嚴重，發生饑荒。

根據大躍進研究專家楊繼繩的計算，1959 年，新疆人口自然增長率從 18％下降到 11％，死亡率從 13％上升到 19％，新疆約有 5 萬人「非正常死亡[043]」，與四川省（約 800 萬人）相比是一個很小的數字，但不容忽視。

從文獻中可以看出，當時新疆糧食嚴重短缺：1960 年春天，阿克蘇地區發生饑荒和瘟疫，熱比婭在自傳中描述，在路邊撿起生產建設兵團士兵在運輸途中掉落的麥粒，以及在被「強制移送」到新疆南部的途中遇到了一位飽受饑餓之苦的婦女；熱比婭一家人似乎還過得去，但糧食短缺的社會狀況可見一斑[044]。

當時《新疆日報》也報導稱，自治區農牧業面臨嚴峻形勢。1960 年夏天，自治區發生旱災，提出「抗旱鬥爭」的措施。年底《新疆日報》還指出，當年農業生產遭遇「特大自然災害」。1961 年 1 月，報導稱，自治區各地的許多幹部為了「集中力量加強農業戰線」，陸續奔赴生產現場。同年 8 月，自治區領導下發的「關於做好牲畜過冬準備工作的指示」中指出，自去年冬季以來，由於乾旱和牧草收成不佳，存在牲畜大量死亡的風險，並指示要做好牲畜過冬準備，儲備牧草，調整冬季營地[045]。

此外，內地各省人口湧入使情況加劇，新疆的糧食形勢更加嚴峻，這也是新疆特有的情況。1959年至1961年11月，新疆地區收容、安置內地流入人口89萬多人。加上國家政策派出30萬「支邊青年」，使新疆人口繼續增長[046]。

內地人口的湧入讓新疆的糧食形勢雪上加霜，當地居民開始恐慌，人們陸續逃往蘇聯並發生暴動。

## ◎逃往蘇聯與發生暴動

1962 年，發生多起從中國逃亡的事件。當年春天從廣東省逃往香港的人數激增，同一時期，新疆的中蘇邊境伊犁哈薩克自治州居民逃往蘇聯境內的事件頻傳。當時新疆的穆斯林和俄羅斯裔居民可與蘇聯的中亞郵件往來，還可以收聽蘇聯方面的電台廣播，強化了蘇聯比中國富裕的印象，因此越來越多人依靠住在蘇聯的親友尋求移民，蘇聯開始暗中幫助那些趁著夜色試圖跨越國境的人。

據時任自治區外事辦公室主任呂劍人指出，4 月 10 日前後，從塔城開始有人逃往蘇聯境內，而後擴大到鄰近的縣；4 月下旬逃亡人數急劇增加，有人從國營農場帶走牲畜，從商店和倉庫拿走貨物[047]；此外，陸續有人在蘇聯領事館取得護照和身分證後出國，自治區黨委當時的文件稱，某外國領事館非法簽發外國護照和身分證，但並未提及具體國家[048]。

想當然爾就是蘇聯在烏魯木齊和伊寧的領事館，過去從俄羅斯帝國和蘇聯移民到新疆的人及其親屬都是在這裡申請獲得蘇聯護照，但是現在申請的人太多，護照的簽發暫停，迫使人們「偷渡」到蘇聯。從 4 月中旬到 5 月底，

共有 74,570 人從伊犁和塔城地區逃往蘇聯，其中 61,361 人為非法入境[049]。

這個問題很快引起了毛澤東、周恩來等中央領導人的關注。早在 4 月 30 日，周恩來與賽福鼎舉行會談時就指出，「在邊民外逃問題上，有外因，也有內因，在內因方面，幾年來我們工作中沒有照顧好民族特點、宗教特點和當地的經濟特點[050]」。後來中蘇衝突加劇，中國將問題的責任轉嫁到蘇聯身上，稱蘇聯領事館煽動人們逃出國，但在事發後的階段，周恩來比較客觀地認為，中國國內政策其實也存在問題[051]。

之後，周恩來指示生產建設兵團負責維護治安，防止邊防人員外逃，他還要求兵團代替人民逃亡後留下的農牧業生產[052]。從 5 月 11 日起，派出 810 名兵團幹部和 16,750 名勞動者組成的「工作隊」，以漢人為主的「工作隊」加劇了該地區的緊張局勢，讓事態惡化。

5 月中旬，大批民眾開始湧入伊寧，搶購前往蘇聯邊境的巴士車票；5 月 29 日，巴士站開往邊境的車票售完，一千多人開始暴動，情況迅速升級為大規模騷亂。自治區人民委員會在事後的文件中稱，政府大樓遭到襲擊，包括伊犁哈薩克自治州州長庫爾班阿里・烏斯滿在內的多名幹部遭到毆打，騷亂在民兵的出動下平息，隔天蘇聯因應中國的抗議，關閉了邊境大門，局勢才開始平靜下來。

日後這次暴動以發生之日稱之為「五二九反革命暴

亂」，另外把當年春天發生的「越境逃亡」與「五二九反革命暴亂」統稱為「伊塔事件」，「伊塔」這個名稱來自發生地的伊寧和塔城地區的簡稱。

## ◎開始調整政策

「伊塔事件」迫使中共對部分的現有政策進行重新審視，如前所述，周恩來在 1962 年 4 月底承認「越境逃亡」事件有國內的政治因素。5 月，自治區領導認為自己也有責任，稱「對各族人民的生活安排不好，照顧不夠」。伊犁區黨委於 7 月發布的《關於平息伊犁直屬縣市群眾越境外逃及伊寧市反革命暴亂事件的總結報告》也指出「越境逃亡」和「五二九反革命暴亂」的發生是由於大躍進造成人民生活水平惡化所導致[053]。

巧合的是，1962 年 2 月，政治局常委會擴大會議公布了調整政策的指導方針，全國經濟開始復甦也讓政策得以重新審視。6 月召開的新疆自治區人民委員會第 22 次擴大會議宣布調整政策，這是「伊塔事件」後的第一次大型會議。大約在同一時間，國務院為適當改善少數民族商品供應，進一步加強各民族團結，加強邊防，決定將棉布、茶葉等商品從計畫中單獨供應新疆[054]。隔年 1963 年 9 月，毛澤東告訴自治區黨委第一書記王恩茂等人，新疆人民的生活必須比蘇聯好，並舉出布、茶等具體例子[055]。最高領導

人藉由高度重視新疆的經濟措施，與蘇聯對抗的立場頗具意義，新疆經濟措施不斷推進，生產也逐步恢復。

不過，即使經濟政策有所調整，新疆周邊的國際環境也日趨嚴峻。「伊塔事件」等因素造成中蘇關係持續惡化，北京高層對於蘇聯在新疆的隱性影響加強警戒。蘇方對於他國對自身的批評也不再忍讓，隨著中蘇對立加劇，新疆成為衝突的前哨。

## 2、文化大革命的動盪

### ◎文化大革命和新疆

1966 年至 1976 年的無產階級文化大革命（以下簡稱文化大革命）期間，新疆和全國各地一樣陷入混亂，人民相互監視、告密，許多無辜者被貼上「蘇聯修正主義」（蘇修）的標籤，在批鬥中傷亡。新疆被定位為抵抗「蘇修」的前哨，也就是「反蘇修的長城」，讓文革的情況進一步加劇，許多與蘇聯中亞有聯繫的人因莫須有的「勾結蘇聯」罪名遭到攻擊。此外，前地主、宗教人士和知識分子也不能倖免於迫害，不因為是少數民族自治區，就對傳統文化手下留情；宗教被視為封建主義，許多宗教設施和文化財產遭到無情摧殘，珍貴的文獻被焚毀，甚至出現為了穆斯林的「思想改造」而故意將清真寺改建為養豬場的案例。無視當地

民族而發動的文革，使新疆社會做出了不亞於內地的巨大犧牲。

另一方面，周恩來等高層領導人為了不讓蘇聯利用新疆社會的動盪，在一定程度上壓制文革的擴大，於是出現了一批受益人，在少數民族社會中不僅能得到保護，有時還能獲得晉升，在建國後成長的年輕一代中，崇尚毛澤東思想、擁護文革的人也不少，熱比婭的自傳也將她的姊姊和姊夫稱作這樣的「革命主義者[056]」。

1972 年前後開始恢復文革前實行的民族政策，拔擢少數民族幹部，漢人幹部失勢後，賽福鼎成為新疆維吾爾自治區黨委第一書記也是發生在這個時期。總的來說，文化大革命除了破壞和壓迫外，還涉及許多方面，新疆社會在文化大革命中淘汰傳統的同時，也發生了不可逆轉的變化。

## ◎紅衛兵的到來與自治區領導的保護

1966 年 8 月，中共八屆一中全會通過了《關於無產階級文化大革命的決定》（簡稱十六條），要求破除舊文化與傳統，無數的群眾組織如雨後春筍般在中國各地湧現，集會變得更加頻繁。一批來自北京的大學生和紅衛兵到新疆，將批判矛頭指向自治區黨委，尤其是王恩茂第一書記，指責他不當偏袒自治區人委會主席賽福鼎。9 月 3 日晚上至 9 月 4 日凌晨，大學生突襲占領自治區黨委大樓，絕食抗議，

並發表《告全國同胞書》。這場運動在自治區各地迅速蔓延，幹部們在「批判資產階級反動路線」的口號下陸續遭到批鬥。

這起被稱為「九三事件」的事件影響之大，以至於周恩來於次日4日緊急召開會議，經毛澤東批准，向自治區黨委和西北局發出特急電報。電報宣布，決定對賽福鼎採取保護方針，稱「為保障邊疆安全」，與蘇聯接壤的「伊犁、塔城、阿爾泰等邊疆地區的文化大革命」應由自治區黨委負責，尤其不許外地大學生進區，已經進區的要撤離。電報還指出，「新疆文化大革命運動必須加強維、漢等民族的團結[057]」。可見，從對蘇安全的角度來看，周恩來等人絕不容許對包括賽福鼎在內的自治區領導人的攻擊，以及新疆的發生混亂。

## ◎「奪權」和陷入內亂

自治區的領導雖暫時得到了中央的保護，但到了1967年1月，情況就徹底改變了。上海等地的「造反」群眾組織開始對行政機關「奪權」，當運動在全國大幅報導時，新疆的「造反派」也開始在自治區黨委管轄的《新疆日報》上刊載團體的告發文，新疆大學的某個團體批評自治區黨委和王恩茂在火車站檢查哨阻止從內地來的「革命交流活動的師生」，批評王恩茂在新疆搞「獨立王國[058]」。

蓄勢待發的「造反派」終於在1月25日發動了「奪權」運動。在「打倒區黨委，打倒王恩茂」的口號下，二十七個「造反派」團體集結，對黨委、人民委員會進行奪權[059]。新疆的「奪權」發動時間跟全國其他地方相比一點也不晚，可說與全國局勢連動在一起。

　　即使「奪權」運動發生後，自治區領導依然不受影響，王恩茂當時人在北京，王恩茂控制下的新疆軍區和生產建設兵團的勢力在新疆各地與「造反派」對峙。兵團勢力在天山北麓的石河子包圍了「造反派」並武力鎮壓，又稱為「石河子事件」，震撼全國[060]。周恩來、葉劍英等中央領導人會見王恩茂，表示王恩茂等人的問題是「人民內部矛盾」，表明王恩茂不是階級鬥爭的敵人。在最高領導層的支持下，王恩茂能夠暫時保住自己的政治生命。

　　免於被批鬥的王恩茂等人在軍區和兵團內部成立了「臨時文革委員會」，自稱是「無產階級革命者」，準備與「造反派」對抗。以王恩茂為首的軍區兵團部隊，普遍被歸類為「保守派」，當時全國各地呈現「造反派」和「保守派」對立態勢。

　　新疆也同樣有兩派對立，時而發生武鬥，此時新疆已陷入內戰狀態。兩派都有無數的群眾組織，新疆人口占多數的少數民族勢力其實也錯綜複雜，少數民族幹部之間互相告發，局勢極其混亂。賽福鼎等人延續王恩茂的「保守派」行動，試圖對抗，雖然官方禁止動員少數民族參戰，

但事實上，少數民族幹部和黨員也加入了內戰，相互牽制。

## ◎「大聯合」的難產

1967 年下半年至 1968 年上半年，全國各地不斷進行「大聯合」。「大聯合」是指「保守派」和「造反派」聯合創建革命委員會的運動，不過新疆的「大聯合」遲遲未有進展，原因之一是王恩茂與毛澤東夫人江青之間產生矛盾。

根據王恩茂的傳記，毛澤東最初推薦王恩茂擔任新疆維吾爾自治區新成立的革命委員會主任，王恩茂雖給毛澤東寫了感謝信，卻對於支持「造反派」的江青沒有任何表示，江青對此相當不滿，不願召開關於新疆問題的會議；後經周恩來斡旋，中央文革領導小組於 1968 年 4 月召開會議，但江青當場指著王恩茂大罵，會議未作任何決定就宣布休會[061]。

或許正是因為這樣，新疆的「造反派」才不願與「保守派」大聯合。當時大權在握的江青與王恩茂關係不合，那麼受江青影響的「造反派」想必不願與王恩茂派合併，但隨著「大聯合」在全國各省的推進，新疆「大聯合」不該再拖延下去，局勢逐漸對「造反派」不利。

1968 年 7 月，中央領導人在會見兩派代表推動「大聯合」時，賽福鼎提出早日實現「大聯合」的意見，但遭到

當時參加會議的「造反派」代表吳巨輪否定，康生和周恩來見狀斥責了吳巨輪。康生在當時是策畫迫害眾多幹部的幕後黑手，而他已知悉賽福鼎事先會見了毛澤東，並獲得新疆「大聯合」的批准。康生還稱讚賽福鼎對同是前東突厥共和國成員的買買提伊敏·伊敏諾夫的批評。吳巨輪在不知情的情況下對賽福鼎提出的「大聯合」提議嗤之以鼻，在領導們還沒齊聚就激怒了康生，吳巨輪倒台後，賽福鼎等人站上舞台中心，「大聯合」才得以推進[062]。

## ◎王恩茂失勢

　　1968 年 9 月，「大聯合」推動後，新疆維吾爾自治區革命委員會終於成立。與西藏自治區一起，是全國各省、自治區最晚成立的革命委員會。革命委員會主任是漢人龍書金，龍書金是「林彪派」的軍人，由於王恩茂與江青的關係惡化，無望擔任自治區革委會主任，因此龍書金雀屏中選。王恩茂暫時免於失勢，與賽福鼎等人成了九位副主任之一。

　　然而，江青在隔年 10 月召開的八屆十二中全會上公開批評王恩茂，王恩茂受到嚴厲批評。隨後召開的自治區革委會第二次全體會議（擴大會議）也指控王恩茂犯了「嚴重錯誤」，12 月 12 日，以王恩茂掌管的新疆軍區黨委員會名義發出「打倒王恩茂」的電報[063]。隔年 1969 年 1 月 10 日，

王恩茂在嚴寒的街上遭到拖行，隨後被軍隊救出，15 日搭乘周恩來安排的專機逃離烏魯木齊，在北京受到保護。1950 年代以來一直擔任新疆領導人的王恩茂，最終落得被趕下台的命運[064]。

## ◎對幹部的批判和指控

王恩茂被打倒後，新疆出現了對幹部的批評聲浪，習近平的父親習仲勳也成為攻擊目標。正如前章所述，與習仲勳對新疆遊牧區審慎穩進的政策有關。在文革的背景下，這種穩進政策被視作密謀「資本主義復辟[065]」。

「伊塔事件」時擔任自治區外事辦公室主任的呂劍人也在隨後遭到誣陷，指控他與蘇聯串通。據呂劍人回憶，他在批鬥中嚴重流鼻血，而決定從幹部專用住宅搬到普通住宅[066]。除了呂劍人，在王恩茂手下工作的黨政幹部和生產建設兵團許多幹部也受到嚴重批判，王恩茂被指控參與策畫將新疆變成「獨立王國」。

批鬥的對象當然不只漢人幹部，也有少數民族幹部。1969 年 3 月 23 日，《新疆日報》的社論主張堅決打倒伊敏諾夫和包爾漢。伊敏諾夫是前東突厥斯坦共和國領導人之一，後加入中國共產黨，自 1955 年新疆維吾爾自治區成立以來，一直擔任新疆維吾爾自治區人民委員會副主席，文革開始後則被指為蘇聯間諜。包爾漢從國民黨時代到 1955

年一直擔任新疆省政府主席，是率領新疆省政府併入中共的關鍵人物，但國民黨前高官的身分讓他在文革期間飽受折磨。社論指控這兩人是一小撮封建領主、宗教領袖和資本家的利益代表。

社論指控伊敏諾夫在 1950 年中央統戰部召開的一次座談會上要求成立「維吾爾斯坦共和國」，隨後隔年 1951 年被指控策畫形成反革命輿論，汙衊中共是「漢族的黨」，並煽動 1962 年「伊塔事件」。包爾漢則被指控下列罪狀：中共建國前與帝國主義各國勾結，支持其經濟侵略；宣揚「大土耳其主義」（目標為突厥語系民族結盟與獨立的思想）；1931 年協助鎮壓哈密叛亂；與蔣介石密切合作；反對建國後的土改在遊牧地區進行階級鬥爭；過渡期總路線時期，反對農業合作化；冒充專家編寫《維漢俄辭典》等「大毒草」（有害書）；認為民族區域自治不適應新疆的情況；企圖建立「維吾爾斯坦共和國」；在反右鬥爭中勾結伊敏諾夫等人，批評黨的民族政策，挑撥民族關係，公然主張把新疆「由自治區發展到自治共和國，由自治共和國再發展到獨立共和國」；1962 年的「伊塔事件」中與伊敏諾夫勾結蘇聯等罪狀[067]。

上述的罪狀很多是「捏造」，新疆當地穆斯林在探索民族區域自治過程中所表達的各種觀點受到質疑和定罪。楊海英指出，這種追溯過去言行的「挖肅」與「民族分裂罪行」手法，與內蒙古自治區發生的迫害手法相同[068]，可

能是參考其他少數民族地區的批判手法，導致新疆少數民族幹部遭到迫害。

## ◎新疆的中蘇邊界爭端

　　王恩茂下台的 1969 年，中共與蘇聯開戰危機升高，全國建立戰時體制。3 月，當位在中國東北中蘇邊境的烏蘇里江沙洲珍寶島發生軍事衝突時，新疆也有「打倒蘇修和社會帝國主義」、「打倒新沙皇」的呼聲，緊張局勢席捲新疆中蘇邊境。

　　6 月 10 日，新疆中蘇邊境衝突出現傷亡。中方稱，蘇軍越過中蘇邊境，向塔城南部的裕民縣挺進，中國籍的牧民遭到殺害。隨後的 8 月 13 日，裕民縣又爆發衝突，造成多人傷亡，此衝突被稱為「鐵列克提事件069」。

　　目前尚不清楚新疆發生的一系列邊界衝突是否如中方聲稱的那樣，是由蘇聯入侵邊界引起，還是中方某人所為。然而，中國方面加強對蘇聯的批評，稱蘇聯「繼承」了俄羅斯帝國的衣缽，並對新疆「虎視眈眈」；此時率先批評蘇修的又是少數民族幹部賽福鼎，當許多幹部陸續倒台，賽福鼎在毛澤東、周恩來和康生的信任下，在領導層中倖存下來，提倡民族團結，扮演整合自治區革命委員會的角色。

　　當時喀什地區的麥蓋提縣發生騷亂，根據後來公布的

政府內部文件，就在「鐵列克提事件」發生一周後的 8 月 20 日，東突厥斯坦人民革命黨發生集體暴動，試圖在蘇聯的支持下宣布東突厥斯坦獨立[070]，同時中央領導人也利用賽福鼎穩定控制處於抗蘇前線、少數民族地區的新疆。

## ◎林彪事件和賽福鼎的晉升

1968 年自治區革命委員會成立後，建立了以林彪派的龍書金為首、賽福鼎為輔的制度，但這種制度並沒有維持多久，1971 年 9 月，林彪的離奇死亡（九一三事件）影響巨大，導致林彪派的幹部陸續垮台。

龍書金也不例外。隔年的 1972 年 1 月，在北京召開的新疆工作座談會上龍書金成了批判對象。半年後的七月，中共中央決定由賽福鼎擔任自治區領導人，1971 年賽福鼎成為改組後的新疆維吾爾自治區黨委的代理第一書記，1973 年 6 月正式擔任第一書記；此外，他還擔任新疆軍區革命委員會主任和第一政委，成為自治區黨、政（革委會）、軍的一把手，當時的賽福鼎私下有「三個第一」的稱號。

賽福鼎之所以被晉升為自治區最高領導人，除了因龍書金倒台而使晉升提前外，也跟 1972 年以來，中共中央開始強調民族政策，使少數民族幹部晉升機會增加有關。

1972 年 1 月新疆工作座談會召開的同時，中共中央也在寧夏固原地區召開民族政策座談會，會上提出，要認真

落實黨的民族政策，堅持民族平等和民族團結，要尊重少數民族的宗教信仰和生活習慣等問題[071]。此後，全國少數民族地區民族政策的「錯誤」一一浮現，而這些「錯誤」的責任幾乎都轉嫁到林彪派身上，新疆的龍書金為此負責，又正逢重視少數民族風潮，賽福鼎因此得到提拔晉升。

## ◎少數民族黨員、幹部的增加

文革爆發後，許多少數民族黨員幹部遭到迫害，黨組織在1967年的「奪權」後一度消失，但1970年黨組織重組後，少數民族黨員人數迅速增加。新疆維吾爾自治區少數民族黨員人數從1965年不到11萬人，1973年增加到14萬人，1977年超過17萬人。全國少數民族黨員人數在1965年、1973年、1977年分別為83萬、138萬、172萬[072]。

1972年民族政策再度受到重視後，幹部層面發生了明顯的變化，6月的《新疆日報》報導，喀什南部的疏勒縣黨委會的少數民族幹部占全縣幹部的70%以上[073]，之後關於少數民族幹部工作的成果報導也日益增加。

高層幹部方面，1973年賽福鼎正式就任自治區黨委會第一書記的前後，選拔了相當數量的少數民族幹部，特別是青年幹部。日後成為新疆維吾爾自治區的主要領導人司馬義・艾買提（1935年出生），在這一年被任命為自治區黨委組織部部長，兼任自治區革委會副主任。同樣，後來

擔任新疆維吾爾自治區人民政府主席的鐵木爾・達瓦買提（1927 年出生）於當年被任命為新成立的自治區革命委員會農林牧辦公室主任。

此外，過去由漢人擔任的職務也出現由少數民族青年幹部擔任的情況。1973 年至 1975 年，烏魯木齊、克拉瑪依、巴音郭楞蒙古自治州、克孜勒蘇柯爾克孜自治州、博爾塔拉蒙古自治州、伊犁哈薩克自治州的領導人先後由漢人改為少數民族。當中許多人比賽福鼎等前東突厥斯坦共和國的成員年輕一輩，是中共掌政後培養出的一群幹部[074]。

自 1969 年中共九大以來，經常出現「吐故納新」的口號，指的是組織骨幹結構的新陳代謝。被視為「新血」的年輕幹部隨著領導層的代謝獲得提拔，此時提拔出來的許多少數民族幹部在文革之後也繼續從政，一直到本世紀初作為共產黨體制的領導人和代言人，持續在第一線工作[075]。

## ◎少數民族語言工作的重啟

1972 年以後，隨著民族政策的恢復，因文革動亂而中斷的少數民族語言工作也重啟。這裡的「語言工作」指的是維吾爾語和哈薩克語文字系統的改革。

1950 年代，中共試圖改變傳統用阿拉伯文字書寫的維吾爾語、哈薩克語等民族語言，起初按照蘇聯的語言政策

採用西里爾文字，但在之後的文字改革中採用的「新文字」
是以漢語拼音基礎的羅馬字。文革爆發後，「新文字」的
推廣政策被迫暫停，但在賽福鼎的領導下再度恢復。1972
年 10 月，自治區恢復文字改革委員會，前述的青年幹部司
馬義·艾買提擔任委員會主任後，呼籲各方使用「新文字」，
並舉辦經驗交流會，在兵團的下層組織中也能看到「新文
字」的普及[076]。

　　1973 年 6 月，自治區革委會召開普及維吾爾語、哈薩
克語「新文字」的工作會議。會議報導，全疆學習「新文字」
的熱情高漲，已有 150 萬人學會了「新文字」，除少數民
族外，漢人也在積極學習[077]。150 萬這個數字可能不一定真
實，但可以看出賽福鼎任職第一書記時期為普及「新文字」
所做的努力。民族政策在文革中看似消失了，但在中蘇對
抗的危機中，民族政策可說是為了讓本國的少數民族脫離
蘇聯文化的影響而推進。


## ◎文革結束與賽福鼎下台


　　賽福鼎掌政時期的新疆與中國內地各省無異，所有政
治運動皆在新疆上演過。1974 年風起雲湧的「批林鬥孔」
運動也在新疆大規模進行，不過運動逐漸失控，與林彪不
相干的包爾漢等人再度被推上批鬥舞台。「批林鬥孔」運
動之後，1976 年的「反右傾翻案風」鬥爭與批評鄧小平的

運動興起，使得局勢更加混亂。

當時，鄧小平受到指控企圖「資本主義復辟」，遭到江青等人的嚴厲批評。與其他地區一樣，以賽福鼎為首的新疆黨組織響應江青等人的號召也加入「批鄧」行列。

當年 9 月，毛澤東逝世；10 月，一向頂著毛澤東的權威進行權力鬥爭的江青、張春橋、姚文元、王洪文的「四人幫」被捕後，賽福鼎等人又轉向批判「四人幫」。代表新疆「四人幫」的前「造反派」幹部們被舉發，遭到批鬥，此時成為批鬥對象的幹部之一是 1968 年對賽福鼎提出的「大聯合」表示不屑的吳巨輪。

賽福鼎就這樣領導了一次又一次的政治運動，但隨著毛澤東、周恩來、康生等對賽福鼎評價很高的中央領導人相繼去世，而與賽福鼎之間沒有深厚關係的鄧小平東山再起並建立了新體制，讓賽福鼎的立場逐漸陷入不利。

1977 年 7 月，漢人幹部汪鋒被派往新疆，擔任自治區黨委第二書記。汪鋒曾任寧夏回族自治區黨委第一書記，在處理民族政策方面經驗豐富，在反右鬥爭時擔任中央民族事務委員會副主任，支持從事鬥爭理論化的鄧小平，兩人關係密切。

1977 年，鄧小平還沒有完全復出，但他已經開始為鞏固權力基礎做準備。根據汪鋒的傳記，汪鋒原定在雲南省出任黨委員會第二書記，但鄧小平來試探他到新疆任職的意願，隨後毛澤東的繼任者華國鋒與汪鋒商量後決定派他

去新疆。如果傳記所述為真，那麼鄧小平在這個任命背後起到關鍵作用[078]。

1977 年 12 月，在北京舉行的自治區黨委會常委和新疆軍區黨委會常委座談會上，決定提拔汪鋒為第一書記，賽福鼎在同一場座談會上因過去的「錯誤」以及與「四人幫」的關係而受到批評，決定解除其在新疆的所有職務[079]。維吾爾幹部領導自治區的時代僅僅五年時間就告終，新疆再次落入漢人第一書記的控制之下。

為了自保，賽福鼎批判了他在東突厥斯坦共和國的昔日戰友而晉升第一書記，歷史評價毀譽參半，但在中共黨內像賽福鼎那樣的維吾爾幹部擔任要職已是前所未有、後無來者。在賽福鼎被免職後，新疆維吾爾自治區黨委就再也沒有出現過維吾爾人的第一書記。

雖說少數民族幹部不過是共產黨的傀儡，但賽福鼎是成功獲得實權的傀儡，與其他時期相比，他擔任第一書記的五年期間是調整各民族間利益關係的大好時機，可惜被毛澤東晚年的政治鬥爭所折騰，多以失敗收場，造成日後的民族問題惡化。

# 第三章

## 「改革開放」的光明與黑暗
## （1978-1995 年）

# 1、文化大革命後重新出發

## ◎賽福鼎解任後的政治混亂

　　文革結束後，中國長期的政治動盪逐漸平息，同時開始替那些在過去的政治鬥爭中無辜遭批判的人平反，經濟也隨之好轉，基本的糧食問題開始得到改善。汪鋒在 1977年底出任新疆維吾爾自治區黨委第一書記，目標是恢復政治鬥爭受害者的名譽和穩定糧食供應，對當地穆斯林而言，這些應是正向發展的跡象。

　　然而，在政策調整和經濟重建的同時，對前第一書記賽福鼎的批判仍未停歇，為民族關係埋下火種。賽福鼎在文革期間擔任自治區黨委第一書記，發動新疆的政治鬥爭，被視為「四人幫」的同夥。

　　文革時期，多數幹部只是奉命行事，現實中與江青和

「四人幫」到底有多少勾結很難評斷，失去毛澤東這個最大庇蔭的賽福鼎首先成為下手目標，又因為他與「四人幫」的關係而被免去第一書記一職。此外，攻擊對象不僅限於賽福鼎一人，還包括其他民族幹部，例如在汪鋒手下擔任書記的司馬義・艾買提和同時擔任常委的賈那布爾等人，連鎖式地成為批判對象。

大部分文獻都未提及這點，但從一份內部文件《中國共產黨在新疆維吾爾自治區的組織史資料》可以看出這批受到牽連的範圍有多廣。資料顯示，1978 年 8 月自治區黨委員會召開的一次會議上，自治區各廳、各局、各州、各市 85％的領導有問題；隔年 1979 年 1 月，自治區黨委員會 6 名常務委員、幹部即成為批判對象[080]。

這一連串運動還蔓延到社會底層，文革中出現的各種問題，不論是領導還是基層幹部，有的成了代罪羔羊、受到開除、降級等處分。根據熱比婭・卡德爾的自傳，她的姊夫曾是一所大型中學的幹部，對共產黨狂熱崇拜，但此時遭降職處分，不再被委以重任[081]，其他投身革命事業的地方幹部在情感上也同樣受到沉重的打擊。上述的《中國共產黨在新疆維吾爾自治區的組織史文件》也承認少數民族幹部所受到的打擊最為嚴重[082]。

於是新疆黨組織在文革結束後不久又陷入新一波的政治動盪，文革受益者被迫下台的現象遍布全國各地，新疆則因為是漢人幹部批判當地民族的前第一書記，原本的情

勢加上民族問題後變得更加複雜。新疆的文革結束和共產黨的重整，當地民族幹部不一定樂見其成，同時中央派出漢人代替當地民族統治新疆的合法性再次受到質疑。

## ◎推動平反運動

在汪鋒的新體制下，批判賽福鼎與推動恢復文革和反右運動受害者的名譽同時進行。1978年3月以後，新疆維吾爾自治區黨委開始下發有關恢復幹部名譽的指示，1979年1月19日發出《關於處理新疆文化大革命及歷史上遺留的一些重大問題的決定》，承認針對伊敏諾夫、包爾漢、呂劍人等多位幹部的批判是冤假錯案，決定為他們平反[083]，為一些已經去世的受害者舉行正式的追悼儀式，恢復他們的名譽。

平反運動很快延伸到基層幹部和基層黨員，根據《中國共產黨新疆維吾爾自治區組織史資料》中記載，時至1980年3月，僅在新疆承認的冤假錯案就高達20萬件，平反了受害者的名譽外，被剝奪了黨員身分的6千多人也恢復了黨員身分。此外，許多被誣告策畫反革命示威、逃亡至外國而遭到監禁的人獲得釋放，知識分子重返社會。熱比婭再婚的丈夫斯迪克·哈吉·肉孜在文革期間被捕入獄，也是大約這個時候被釋放[084]。

許多人因此被釋放，權利也得到恢復，但結局沒有那

麼簡單圓滿，在共產黨的壓迫下倖存下來的人，是共產黨錯誤政策的犧牲品，黨承認過去的錯誤，失去了把人監禁和剝奪其生命的正當理由，動搖了黨的絕對正當性，一個犯下嚴重錯誤的漢人政權繼續控制新疆的合法性也產生質疑。

在當地穆斯林看來很荒謬的是，推動壓迫的漢人也得到平反，1952 年被免去新疆分局第一書記職務的王震就是一個典型例子。當年王震因在鎮壓「反革命分子」的過程中違反西北局的命令採取激進政策，得罪了許多哈薩克遊牧民族而受到批評（見第一章），這個案子經過重審後，竟使王震的名譽得到恢復，此後王震繼續參與更多新疆政策的制定。

此外，中共中央還批准恢復新疆生產建設兵團前幹部的名譽，對整個兵團的冤假錯案進行重審，對象高達 6 萬多人[085]。新疆生產建設兵團雖於 1975 年一度解散，但前幹部得到平反後，加快了兵團的重建步伐。


## ◎下放青年的問題

中共大力推動恢復文革受害者名譽時，對社會也產生了複雜的影響。歷史清算就像打開了潘朵拉的盒子，許多人開始尋求恢復他們遭不當剝奪的權利，其中最著名的是下放青年。

下放青年指的是從城市地區下放到偏遠農村的學生，文革初期成為紅衛兵，因妨礙恢復秩序，幾年後就被下放。新疆從文革以前約有 13 萬人被下放，由新疆生產建設兵團管理[086]。

　　文革結束後，新疆的下放青年組成上訪團到北京中央機關要求返回上海等原居所，但請求沒有得到批准，反而回到新疆後遭到當地政府鎮壓。他們從 1979 年開始抗議行動。1980 年 1 月，南疆的阿克蘇市發生了 4 千多人的示威遊行，11 月再有 8 千多人進行示威和絕食[087]。

　　政府承諾會改善下放青年的待遇，但卻在不久後實施戒嚴，派出解放軍鎮壓下放青年，1 萬人被捕，示威領袖以顛覆國家罪被判刑，一連串的騷亂被稱為「阿克蘇事件[088]」。由於消息傳遍全國，政府被迫採取行動。事發隔年，1981 年 3 月，在中央指導下，新疆維吾爾自治區人民政府和上海市人民政府共同召開會議，遣返部分下放青年，但有更多下放青年留在新疆定居和生活。

## ◎示威、暴動、反革命武裝暴動頻傳

　　1980 年 4 月，受到下放青年示威影響，阿克蘇又爆發大規模的穆斯林示威和騷亂。當地居民和下放青年雖然在民族和宗教上有著根本的不同，但相似之處在於，兩者在毛澤東時代的不合理壓迫下都有被害者意識，因此當看到

下放青年站起來時，心中也自然產生動搖。

這場暴動（阿克蘇四九事件）是由一名維吾爾平民的離奇死亡引發。根據中國學者馬大正的研究，死者名叫堯勒瓦斯‧托乎提，因酗酒滋事遭到審訊，過程中被一名漢人刑警非法將毛巾塞進嘴裡而死，但未說明堯勒瓦斯最初是如何被拘留。根據熱比婭‧卡德爾的自傳，堯勒瓦斯是一名碰巧路過警察局的17歲少年，被正在盤查的警察拖到院子裡毆打幾個小時後，被清潔刷的把手插入喉嚨而死亡[089]。

當地人民普遍和熱比婭有相同的看法，根據中國方面的文件，4月10日，也就是堯勒瓦斯死後的第二天，發生了3千人的示威遊行[090]。根據熱比婭的自傳，1萬多人聚集在街頭[091]，在憤怒的驅使下，示威者衝進阿克蘇市黨政大樓，喊著「打倒黑大爺」、「滾回關內」的口號攻擊漢人[092]。「黑大爺」的意思是中國人或漢人，因為具有歧視性的諧音，在中國沒有正式使用，該詞在歷史上源自契丹（遼），在一些語言中仍指中國的意思，例如俄語的китай（kitai）。

4月9日的「阿克蘇四九事件」很快得到控制，但在1981年1月13日，喀什地區葉城縣一座清真寺發生火災，近2千人參與了遊行示威，指責公安局幹部是縱火犯，高呼「打倒異教徒」、「伊斯蘭共和國萬歲」等口號，並襲擊縣政府、公安和廣播電台[093]，隨即當局宣布戒嚴令，暴

亂經過四天才平息。

此外，1981 年 5 月 27 日，喀什地區的伽師縣也發生了一起搶劫案，150 多人的團伙從距離縣城七公里的民兵武器庫奪取武器彈藥；雖然當天就被鎮壓，但這次事件與前兩次不同，並非偶然，幕後有名為東土耳其斯坦燎原黨的組織操控。該組織主要由幾名二十多歲的維吾爾人組成，企圖為東土耳其斯坦共和國建立基地[094]，主要成員甚至包括中共黨員，表示已滲透到共產黨內部。這樣有組織、有計畫的舉動讓當局加強警戒，事件被認定為「反革命武裝暴亂」。

目前尚不清楚為何加入共產黨且前途光明的青年會走向暴動的地步，但接觸到內部資料的中國學者馬大正指出，年輕人對升學和就業不滿是原因之一[095]。東土耳其斯坦燎原黨推動民族獨立，新疆社會普遍存在的民族不平等被認為是推動年輕人追求「民族解放」的動力。

毛澤東死後，隨著中共政府改弦易轍，當地穆斯林社區對漢人政府長久累積的不滿開始爆發。對公安的暴行、民族不平等的各種社會矛盾成為新疆社會的火種，示威、暴動及「反革命武裝暴亂」就像野火燎原，一發不可收拾。

## ◎漢人幹部返回內地

此時的中共正考慮調整現行的民族政策。1980 年 2 月

就任黨總書記的胡耀邦承認，迄今為止的民族政策一直存在錯誤，將著手調整民族政策，提出將西藏等少數民族自治區的漢人幹部調回到內地的政策[096]。

在這波改革勢頭的影響下，同年 7 月 4 日，新疆維吾爾自治區黨委會向黨中央書記處提出改革建議，提出黨政機關的少數民族幹部比例要與人口的民族比例成正比，兩、三年內提高到 60％；目標至 1985 年，縣黨委會書記當中的少數民族幹部達半數至三分之二，地區（州）的黨委會則為三分之一至半數等目標[097]。

對此，以胡耀邦為首的中央書記處編制的《討論新疆工作問題的紀要》闡述了新疆政策的基本方針。《紀要》指出，幹部要擔任指導職務，漢人幹部在少數民族地區擔參謀和助手，少數民族聚居地區的人民公社級以下漢人幹部可以考慮逐步調往內地，用少數民族幹部代替。但這不是已經決定好的事項，仍需由中央政治局充分考慮後作出最終決定[098]。

這份《紀要》發布後，8 月 11 日，新疆召開自治區及所屬各地區、縣幹部參加的「三級幹部會議」，雖然大多數地方少數民族幹部表示支持，但也有不少漢人幹部持不同意見。

《紀要》包含了中共以往標榜的「反大漢族主義」理念，其中幹部的民族比例應與當地人口的民族比例成正比的觀點，是出自 1949 年 11 月 14 日毛澤東的指示（見第一

章），但這畢竟是一種理想，反右鬥爭以來，幾乎沒有人提起過，尤其是漢人幹部轉往內地這點，等於直接否定了漢人幹部保衛祖國的自豪感，引起爭議。

多年後的《中共新疆維吾爾自治區組織史資料》總結指出，這次會議「引起漢族幹部不安，少數民族中也出現思想混亂」，嚴重損害了民族團結[099]。同時，下放青年要求返回內地的示威，以及當地穆斯林以「打倒漢人」為口號的示威仍如火如荼。受到《紀要》的啟發，引入蘇聯聯邦制和新疆應該成為蘇聯式共和國的主張再度死灰復燃[100]。胡耀邦政策的適得其反引起當時的最高領導人鄧小平關注，為了化解混亂，鄧小平派「解放」新疆的關鍵人物王震到新疆當地，甚至親自到新疆視察。

## ◎鄧小平的新疆視察

1981 年 8 月 10 日至 19 日，鄧小平在王震等人的陪同下視察新疆，新疆方面則由自治區黨委第二書記谷景生陪同。第一書記汪鋒因治療高血壓去了北京而缺席[101]，汪鋒不久後就交出第一書記的位子。

鄧小平視察的主要目的是整頓新疆政策，為此準備了兩項政策，第一項是幹部政策，為了壓制上述漢人幹部調回內地的論調，制定幹部政策的基本方針。視察的前一個月，7 月 6 日，在胡耀邦總書記主持的中共中央書記處會議

上討論新疆政策。現場提出「新疆的漢族幹部要確立這樣一個正確觀點，即離開了少數民族幹部，新疆各項工作搞不好；新疆的少數民族幹部也要確立這樣一個正確觀點，即離開了漢族幹部，新疆各項工作也搞不好[102]」。

這段話最初是由新華社引述南疆軍區政治部副主任維吾爾幹部的發言，之後受到鄧小平肯定並採納。漢人幹部與少數民族幹部離不開彼此的說法成為「兩個不離開」口號的原型。鄧小平打算在新疆宣傳這個想法，壓制將漢人幹部遣返內地的論調，並指示應精心培養少數民族幹部，確保幹部的「民族團結」。

另一項政策是恢復文革期間被廢除的新疆生產建設兵團。6月30日，王震在視察前已經向鄧小平提出恢復兵團的建言，而後鄧小平在視察時與谷景生會面時明確表示必須恢復軍團[103]。從這裡可以看出，兵團的存在對於新疆的穩定至關重要，於是在鄧小平的強力領導下，確保了兵團繼續以兵團的名義駐紮在新疆。

## ◎王恩茂回任第一書記

鄧小平視察新疆後，王恩茂被派往新疆擔任新疆維吾爾自治區黨委第一書記，接替已經被派回北京的汪鋒。王恩茂曾是新疆的第一書記，文革期間受到嚴厲批評而離開新疆，之後東山再起，擔任吉林省黨委第一書記。王恩茂

之所以被選為接班人是因為他的經歷和王震的支持。1981年10月19日，中央書記處正式決定王恩茂的人事案，就在王恩茂接任吉林省的職務不久後，24日又起身前往新疆。

當局期望王恩茂能帶來幹部的民族團結和新疆社會的穩定。對於幹部民族團結問題，王恩茂首先向其領導下被汙衊為「地方民族主義」的當地民族幹部道歉[104]，正如〈第二章〉所述，在反右鬥爭中，許多民族幹部因遭誣陷而下台。黨的民族政策錯誤的雖不是王恩茂一人造成的，但王恩茂仍願意公開低頭，試圖化解民族間的仇恨。

同時對文革後的數年間，在汪鋒擔任第一書記期間受到批判的當地民族幹部進行重審。1982年初，決定恢復自治區人民政府主席司馬義·艾買提和副主席賈那布爾的名譽（革命委員會於1979年改為人民政府[105]）。1982年9月召開的中共十二大，司馬義·艾買提、賈那布爾，以及賽福鼎等人當選為中央委員，幹部之間達成了初步和解，情況開始好轉。

儘管如此，整個社會仍然暗藏著許多引爆衝突的火種。1981年10月30日，王恩茂上任後不久，喀什地區的維吾爾人和漢人居民發生衝突。一名維吾爾工人與一名下放的漢人青年發生衝突後被打死，引發數千人高喊「打死黑大爺」、「趕走黑大爺」的口號示威遊行，而後演變成暴動。大規模示威的幕後是一個由維吾爾青年發起的「中亞維吾爾斯坦青年星火黨」組織，企圖推翻「黑大爺政府」，建

立獨立國家[106]。

　　事件性質與同年 5 月發生在伽師縣、且被列為「反革命武裝暴動」的事件雷同，但是王恩茂並不認為這是「反革命武裝叛亂」，而是冷靜地把它當作人民內部的矛盾來處理，還派出了許多當地民族幹部，然後是漢人幹部，安定民心。新疆局勢的暫時回穩，與前任第一書記汪鋒的做法相比明顯懷柔有關，畢竟王恩茂在新疆政策上的經驗較為豐富。

　　王恩茂上任後積極調整民族政策，努力爭取民心。其中一個例子是取消了推廣維吾爾語和哈薩克語「新文字」（拉丁字母）的政策，恢復了傳統文字（阿拉伯字母）[107]，他還授權各地重建和恢復清真寺和宗教學校，大大放寬了對宗教的限制，使得清真寺的數量和學習伊斯蘭教義的學生人數增加。

## ◎《民族區域自治法》的制定

　　王恩茂之所以能夠對當地穆斯林社會採取懷柔的立場，是由於這一時期共產黨的民族政策一改過去的壓迫性質，轉而保障少數民族自治。中央政府在胡耀邦的領導下，放寬對少數民族的限制，將自治制度化。1984 年 5 月，全國人民代表大會通過的《中華人民共和國民族區域自治法》，正是政策轉向的成果體現。

該法將現行的民族區域自治基本形式制度化，規定了民族平等和少數民族自治權的保障，從民族語言教育到保護遊牧民族生活空間的草原，自治法的內容都有相當詳細的規定。這些明文化的規定，加速了傳統文化和宗教活動的復興。與反右鬥爭到文革時期相比，新疆的自治狀況有了顯著改善。

　　另一方面，《民族區域自治法》也有局限性。建國初期所說的民族區域自治的理想，經過多年的偏離後得以立法的意義重大，但不可否認還是有些理想化。例如，第17條規定，自治區、自治州、自治縣等政府機關的首長應為當地民族，但該區域的黨委會書記（第一書記）則未規定應為當地民族。只要黨委有實權，即使政府首長是當地民族，而黨委書記是漢人，地方自治權就可能變得有名無實。新疆的自治區政府主席是司馬義・艾買提，但自治區黨委書記是王恩茂，此後一直是由漢人擔任書記一職，州、縣兩級也是如此，表面上州長、縣長都是當地民族，但背後的黨委書記基本上都是漢人。

　　以新疆為例，新疆生產建設兵團在《民族區域自治法》頒布之前恢復也具有重要意義。曾經存在於中國各地的生產建設兵團在 1975 年左右被廢除後就再也沒有恢復，然而在王震的影響和鄧小平的領導下，只有新疆在 1981 年 12 月正式恢復兵團。在保證民族自治權的新疆維吾爾自治區內卻存在以漢人為首的自治組織，當時新疆維吾爾自治區

人口約 1,300 萬，兵團人口超過 200 萬（見頁 30「新疆民族別人口表」），與其崇高的理想相比，如此規模的兵團大大削弱了《民族區域自治法》在新疆的實際效果。

## ◎民族文化復興的開始

《民族區域自治法》雖受到各種限制，但維吾爾文化在這些框架內仍得以復興。正如前文所述，從 70 年代末到 80 年代初，中共檢討了過去的民族政策，為過去遭到鎮壓的民族文化傳承者平反，並將他們釋放。此時，在王恩茂的領導下，根據《民族區域自治法》（第 38 條）關於發展民族文化的規定，重獲自由的知識分子開始推動民族文化的復興，可說是官方與民間聯手推動的一場運動。

表彰一些歷史文人為維吾爾人的「民族文化英雄」，可說是復興民族文化的一個標誌性例子。中共開始找尋一些歷史文人的墓碑，例如出身喀什的知識分子，也是《突厥語大詞典》的作者麻赫穆德・喀什噶里，以及現存最古老的突厥—伊斯蘭文學作品《福樂智慧》的作者玉素甫・哈斯・哈吉甫，兩位都是 11 世紀的人物。這兩人的墓碑分別在喀什附近「發現」，1980 年代中期，由政府資助修建陵墓。

此外，傳統民間音樂木卡姆也被重新視為維吾爾文化之一。早在 1981 年，在自治區政府主席司馬義・艾買提的

指示下，自治區政府成立了木卡姆研究室，將各地流傳的木卡姆錄音整理成「十二木卡姆」，此後還在北京和中國以外地區舉行木卡姆的表演活動，成為備受推崇的維吾爾文化[108]。

形塑維吾爾人身分認同的輝煌文化史就這樣開始在體制內復興，當然前提是不違反中國國家統一性的準則，且以文化史為主，獎勵對象僅限那些為宣傳「民族團結」做出貢獻的人；但即便如此，過去一直受到壓抑的民族文化開始受到政府認可，意義非凡，即使是政府控制下的民族文化也可能成為強化維吾爾人身分認同的催化劑。

## ◎「改革開放」的發動

王恩茂任第一書記期間，除了民族文化方面之外，經濟發展方面也有顯著變化，「改革開放」的各種政策開始在新疆推出。「改革開放」始於 1978 年的說法是後來的虛構，其實是到 1980 年代初才正式啟動[109]。王恩茂在新疆任職期間也實施了所謂的生產責任制等改革。

「改革開放」初期，鄧小平的訪問日本之行成為中國領導人率先向西方學習產業政策的立場象徵，而遠在內陸的新疆領導層也不例外，1984 年 10 月，王恩茂率領自治區幹部先後訪問了美國的加州、亞利桑那州和德州。根據王恩茂的傳記，他想藉由考察美國西部的三個州來尋找開發

中國西部即新疆的靈感。王恩茂在訪問期間了解到水利建設是一切產業的基礎，決定在以後的經濟政策中重視水利建設[110]。

改革不僅涉及經濟，還涉及幹部政策。1982年黨的十二大前後，廢除當時實行的幹部終身制，並積極提拔年輕幹部；隔年，1934年出生的新疆中層幹部宋漢良被提拔為自治區人民政府副主席。宋漢良畢業於西北大學，曾為地質工程師，後來成為黨的幹部。未滿50歲且具有大學學歷的工程師，可以說與同時出任貴州省委書記的胡錦濤有著類似的經歷，鄧小平前所未有地把這樣的人才引進領導高層。

幹部年輕化的趨勢，也促使老幹部的加快退出。1985年8月，1913年出生、70多歲的王恩茂辭去中央委員。9月，中共中央書記處就更換新疆維吾爾自治區領導班子一事進行討論。10月，決定任命前述的宋漢良為新疆維吾爾自治區黨委書記的接班人，並從這年起將第一書記的名稱改為書記。

在主持新疆維吾爾自治區成立30周年有關活動後，王恩茂辭去第一書記職務，成為自治區顧問委員會主任。王恩茂平息了文革後的社會動盪，將新疆政策推上正軌後退出第一線。繼任者宋漢良自1954年到中蘇石油公司任職後就長期在新疆工作，漢人的他對當地社會了解較深，與當地的民族幹部關係不錯，包括12月出任自治區人民政府主

席的鐵木爾‧達瓦買提。新疆的治理看似圓滿交接，但其實另一波抗議浪潮和國際環境的巨大變化即將考驗新一屆的領導層。

## 2、抗議行動的湧現和國際環境的劇變

### ◎學生們站出來

肩負治疆重任的年輕領導宋漢良上任後不久就受到「烏魯木齊一二一二事件」抗議行動的洗禮。1985 年 12 月 12 日，約 2 千名學生在烏魯木齊示威，局勢迅速蔓延到全國各地，除了新疆各城市外，南京、上海、北京等地的維吾爾學生也紛紛響應。與 1980 年代初南疆頻傳的騷亂不同，以自治區政府所在地烏魯木齊為起點，影響範圍遠及內地各大城市，震驚宋漢良的領導層。

新疆大學等高等院校的學生起到關鍵作用是這一輪抗議行動的特點，學生們抗議的主要內容包含自治區人大代表的不民主——表面上強調民族區域自治，但實際上卻沒有行動；以及內地的漢人、尤其是勞改犯，湧入新疆、在新疆進行核試驗、計畫生育（所謂的「一胎化政策」）等[111]。

學生們對共產黨政府所言的民主自治和現實的差距感到憤慨，要求改正，尤其在《民族區域自治法》頒布之後，

漢人仍繼續湧入，尤其是在接收勞改犯的問題上，讓他們有一種新疆正在為內地治安犧牲的感受。如同 1980 年代初高喊「黑大爺滾回內地」口號的示威遊行一樣，學生們將漢人人口的增加視為一個問題。

另外，核試驗和生育計畫也是此時關注的重大問題。自 1964 年以來，羅布泊附近幾乎每年都進行核試驗，放射性汙染已嚴重危害到居民的健康。生育計畫方面，雖然少數民族不完全受此政策限制，允許生兩、三個孩子，但對於虔誠的穆斯林來說，孩子是上帝的禮物，控制孩子的出生在心理上難以接受。

各種不滿情緒匯集成「烏魯木齊一二一二事件」的導火線，抗議行動蔓延程度堪稱自治區成立以來最大規模，但在大約一周後平息，此後，在當局強化大學的思想調查和政治教育下，局勢暫時平靜下來。

## ◎學生運動的擴大

然而，學生的抗議並沒有就此結束，鄰國蘇聯正在如火如荼地進行「政治改革」（perestroika），縮減共產黨的權力，舉行民主選舉。受到蘇聯這些變化的影響，新疆學生也發起反對民族歧視、呼籲自由、民主和民族平等的示威活動。

1989 年 5 月 19 日，就在天安門廣場要求民主化的呼聲

高漲之際，發生了震驚自治區領導人的事態，烏魯木齊市中心出現聲援北京學生運動的學生集會，並抗議在上海出版的一本侮辱伊斯蘭教的書，而正好當天正好是周五祈禱日，人民廣場聚集了一大群人，抗議焦點因此從學生身上轉移，聲音漸漸被宗教抗議所取代。

下午六點過後，300多名暴徒高喊「不要以為這個世界上沒有真主，要你們看看我們穆斯林的力量」，並衝進區黨委大樓[112]。襲擊黨委會的人迅速被制服，但自治區黨核心被憤怒的民眾肆意破壞，這樣史無前例的事件讓人想起同年發生在東歐的劇變。

這場名為「五一九事件」的抗議活動是重要分水嶺，此前表現出願意與學生對話的領導層，態度突然轉為強硬。尤其在半個月後發生的「六四天安門事件」之後，要求民主化的聲音在全中國被壓制，學生的和平社會運動和示威的機會已微乎其微。

◎「改革開放」的進展

面對一連串要求改革的抗議行動，宋漢良的領導層藉由懲罰運動領袖和政治教育，乃至強化「民族團結教育」來壓制，同時進行中共內部的改革。1980年代後半期，所謂的「改革開放」也在新疆逐步加快，但與學生所渴望的民主化和民族平等不同，中共所指的改革主要是基於振興

經濟實現穩定治理的目標。

關於新疆經濟政策不能，不提 1988 年 3 月國務院決定將新疆定為國家棉花和甜菜重點開發區一事，新疆從此成為棉花和甜菜的生產基地。此外，1988 年 7 月，自治區黨委召開會議，決定在新疆南部地區實施脫貧政策，解決貧富差距[113]。當時國務院正在全國推進脫貧政策，新疆的政策實施則主要集中在南部各縣，內容包括減稅、設立溫飽基金等，同時表彰配合計畫生育的家庭，強化降低貧困家庭高出生率的措施。於是棉花生產、脫貧攻堅、計畫生育成為日後新疆政策的重點，與「改革開放」同步到位。

與此同時，「改革開放」中的對外開放也開始上路，隨著中蘇衝突的緩和，1983 年中蘇在新疆邊境正式恢復貿易，對外開放的條件逐漸具備。1988 年 1 月，國務院特區辦公室印發了《討論新疆開放工作的紀要》，內容包括連接蘇聯的新疆北部鐵路改建、烏魯木齊機場擴建、飛往阿拉木圖（蘇聯哈薩克共和國首都）的國際航班開通、中蘇邊境口岸霍爾果斯允許第三國國民通行等[114]。

到了 1980 年代末，新疆雖不如沿海地區，但經濟開始逐漸對外開放，普通民眾可以越過蘇聯中亞邊境後，中蘇衝突中失散二十多年的親人終於團聚。隨著中國各地人口流動頻繁，前往新疆的漢人移民也不斷增加。據自治區統計局官方統計，1993 年烏魯木齊的漢人人口已達 100 萬；1990 年，新疆漢人人口為 575 萬，2000 年已增至 725 萬，

漢人人口的成長幅度可謂相當驚人（見頁 30「新疆民族別
人口表」）。

## ◎巴仁鄉事件

　　新疆的「改革開放」雖不斷推進，但政府藉由經濟
發展和脫貧實現穩定治理的目的並未達成。1989年夏天以
後，城市的學生運動雖鎮壓住了，但農村的騷亂卻開始頻
傳，尤其是1990年4月，發生在喀什南部克孜勒蘇柯爾克
孜自治州阿克陶縣巴仁鄉一起震驚社會的武裝起義，又稱
「巴仁鄉事件」。

　　這起事件是由一個叫做東突厥斯坦伊斯蘭黨的組織發
起，根據水谷直子的論文《對新疆「巴仁鄉事件」的考察》，
事發前六個月，師從一位清真寺宗教學者的年輕人集結起
來，密謀起義，4月5日清晨決定行動。他們率領當地群眾
遊行到鄉政府，宣讀對政府的要求，如計畫生育、反對強
制墮胎、反對漢人移民新疆、反對大漢族主義等[115]。

　　然而，政府並未聽進他們的訴求，解放軍部隊很快將
巴仁鄉包圍起來，解放軍的援軍也衝了進來，經過三天的
激戰，反抗軍幾乎全軍覆沒。反抗軍之所以能與解放軍的
大軍抗衡數日，是因為他們在備戰期間獲得了大量武器，
但其實許多穆斯林市民對年輕人的決心產生同情，也誓死
加入抵抗才是最主要的原因。

當地穆斯林提出的訴求源於底層人群的慘況，尤其為執行計畫生育而強制墮胎，激起了強烈民怨，在中共這樣的異教徒統治下，漢人移民的增加在當地人眼中等同於一種社會侵占。

從1980年代後半開始實施的扶貧政策可以看出，中共已經意識到經濟發展落後的農村地區存在各種不滿，然而這裡所指的農村不滿，並不一定如領導人所認為的那樣僅僅因為貧窮，百姓沒有解決溫飽、單靠麵包裹腹而不滿。貧窮對當地的穆斯林來說確實是一個嚴重的問題，但為了經濟發展和扶貧政策，社會被漢人占據，穆斯林的生活方式受到政府干預，才是更嚴重的問題。尤其從穆斯林的角度來看，墮胎無異於違背真主旨意的謀殺，面對強迫自己這樣做的異教徒漢人，只能起身反抗，被逼到如此境地的虔誠穆斯林和中共政府之間已經種下無法和解的矛盾。

「巴仁鄉事件」後免受關押的東突厥伊斯蘭黨成員在烏魯木齊成立了東突厥伊斯蘭改革黨（又稱東突厥伊斯蘭改革者黨），巴仁鄉外的人也加入了他們的行列，在接下來的三年裡，他們在新疆各地進行武力反政府行動，許多人意識到與政府對話已經不可能，於是投身自殺式的抵抗運動中。

## ◎江澤民的新疆視察

　　普通百姓英勇抗擊解放軍的「巴仁鄉事件」不僅成為新疆社會的傳奇，也震驚了北京最高領導層。當時，社會主義大國的蘇聯處於瓦解邊緣，受蘇聯影響的東歐國家發生政體劇變，波羅的海三國分離獨立的訴求日益高漲。中共更加意識到即使在自己的統治下，新疆和西藏也可能爆發分裂運動的危機，對他們口中的「分裂主義」加強警戒。

　　1990 年 8 月 22 日至 9 月 1 日，江澤民親自視察新疆。江澤民在前一年被鄧小平選為黨總書記，「天安門事件」後帶領中國社會走向穩定。江澤民之所以訪問新疆，最主要是為了防範「分裂主義」。隨著國際形勢的劇變，江澤民意識到國內外的「分裂主義」正密謀將新疆從中國分裂出去，視察時強調維護新疆穩定的重要性。同時江澤民認為，經濟發展是穩定的必要條件，沒有政治穩定就沒有經濟成長[116]。簡言之，「維穩」是新疆政策的重中之重，經濟政策是實現維穩的關鍵。

　　不過對於巴仁鄉的穆斯林所反對的計畫生育和移民政策，看不出中共有意做出調整。訪問新疆期間，江澤民還提到應把「巴仁鄉事件」作為教訓，做出「經濟發展是政治穩定、社會穩定的基礎」的指示[117]，完全沒有考慮到當時穆斯林行動的動機。

　　江澤民比鄧小平年輕一代，也是一位開明的領袖，但

在視察新疆期間，這位最高領導人顯然不願意聽取當地穆斯林社區的心聲，不論批評的內容是什麼，批評政權的當地穆斯林一律被貼上「分裂主義」的標籤。1991年底蘇聯解體，新疆西鄰的五個共和國獨立後，中共對「分裂主義」更加警戒，並加強對宗教人員的背景調查，陸續關閉了伊斯蘭學校。1980年代，對民族文化的限制曾一度放寬，但江澤民又走回高壓統治的老路。

## ◎蘇聯解體的衝擊

東歐劇變是江澤民加強新疆維穩的主要原因，1991年時，蘇聯的前途充滿不確定性，使得中共內部對所謂的「分裂主義」危機感越來越強。1991年5月在與蘇聯接壤的塔城，以及6月同樣在邊境地區的博樂爆發了示威和騷亂。前者要求自由組建政黨，組建新疆獨立軍隊，爭取突厥民族獨立；後者提出以民主選舉的方式選出市府官員，以及併入蘇聯等要求。

1991年8月16日至24日這段期間，時任國家副主席的王震在王恩茂、賽福鼎的陪同下赴新疆視察的同時，蘇聯發生政變。王震在新疆時指出，蘇聯的亂局是國內外敵對勢力勾結的結果，破壞了人民的生活，中國要堅持社會主義，維護民生穩定[118]，而這也是王震最後一次訪問新疆。

此後，為了避免蘇聯解體的直接影響，中共徹底堅持

社會主義，加強「民族團結」，同時加大了對「分裂主義勢力」的打擊力度，並於 1991 年底與蘇聯解體後新興的中亞五國（哈薩克、吉爾吉斯、塔吉克、烏茲別克、土庫曼）積極開展外交，在 1992 年 1 月與這五國建立邦交，同時新興中亞國家的總體目標也是與中國建立實質關係，因此不難讓他們承認新疆是中國不可分割的一部分。

到了 1992 年初，蘇聯解體引起的新疆社會動盪得到相當程度的壓制。從中共的角度來看，可以說成功防堵了蘇聯解體的震盪讓新疆從中國分裂的最壞局面；另一方面，在這種高壓的情況下，東突厥斯坦或維吾爾斯坦獨立的渺茫希望也完全破滅，維吾爾人眼看中亞五國能夠獨立並擁有自己的國家，但自己卻做不到的不滿情緒應該難以避免。

## ◎大富豪熱比婭‧卡德爾

在強調經濟政策的江澤民時期，「改革開放」在整個 1990 年代取得了長足的進步。全中國自 1992 年初鄧小平視察廣東，並提出加快「改革開放」以來，對外開放不斷加快，新疆也同樣跟上腳步。同年 6 月，「中央四號文件」提出擴大內陸邊境城市及縣的開放，擴大內陸對外開放的政策[119]。9 月，邊境地方經貿博覽會在烏魯木齊舉行，吸引了 2 千多名外籍人士前來，呼籲將新疆作為中國西部的門戶開放。1994 年 8 月，國務院批准設立烏魯木齊經濟技術開發

區，利用豐富的自然資源吸引外資，擴大出口[120]。

與中亞國家之間的民間貿易也開始活絡，在中亞國家銷售廉價的中國製布料和餐具、在新疆銷售西洋服飾的生意日益興隆。包括維吾爾人在內的新疆穆斯林通曉中亞國家語言，大批從事邊境貿易的人當中，一部分人因此致富，也讓江澤民推行的經濟開放政策在新疆得到了部分受益者的支持。

不過這些成功致富的穆斯林是否打從心底支持江澤民的政策就不得而知了。當時最成功的商人之一熱比婭・卡德爾後來逃到美國，成為維吾爾人權活動家。1987年，熱比婭在烏魯木齊成立一座名為「三八市場」的商場，提供當地穆斯林婦女開店和就業機會，之後又經營百貨公司與中亞進行貿易，成為中國十大富豪之一。政府沒有錯過這樣的人，授予她「國際婦女節旗手」的稱號，選她為新疆維吾爾自治區人大代表，及中國政協委員[121]。

然而，熱比婭無法當個政府的花瓶聽話地坐著，她開始積極揭發社會問題。根據她的自傳，針對腐敗氾濫、稅負重、失業率高、就業和教育方面的民族歧視、漢人移民破壞環境、農村基礎設施落後等各種問題，直接向江澤民提出訴求[122]，這些行徑讓熱比婭開始被新上任的自治區黨委書記王樂泉盯上。

熱比婭並沒有因為這件事下台。1990年代中期，像熱比婭這樣的人，作為政協委員還能勉強存在，中共招募像

她這樣的當地穆斯林，在國內外宣傳新疆「改革開放」和「民族團結」以及婦女解放的成功，熱比婭在當時是共產黨宣傳口號的活招牌。

從某種意義上說，熱比婭能之所以能發家致富是拜「改革開放」之賜，但她所痛惜和痛斥的不平等、貧富差距和腐敗等許多社會問題也是在「改革開放」下擴大。她的存在，以及她試圖解決的問題，正好折射出新疆在「改革開放」中的光明面與黑暗面。

## ◎從宋漢良到王樂泉的時代

1994 年 9 月，隨著形勢趨緩，「改革開放」步伐加快，新疆自治區黨委書記也跟著換人。中共中央以宋漢良養病為由，任命常委王樂泉為代理書記。大學學歷、工程師出身，既不是軍人，也不是黨的老幹部，更不是強人領導，宋漢良在任期間，接連經歷東歐劇變、民主化運動、蘇聯解體，讓他感到遺憾，想必是壓力太大病倒了，宋漢良後來於 2000 年因病去世，享年 67 歲。

另一方面，當上代理書記的王樂泉與他的前任宋漢良是不同類型的領導，他在家鄉山東省從一個單純的人民公社幹部升到副省長，可說是從基層一路苦幹上來。1991 年，他被派往新疆，擔任自治區黨委常委，應對「分裂主義」的威脅。

不過與宋漢良不同，王樂泉從小就沒有受過教育，也沒有在新疆的工作經驗，他是在確立自己的政治菁英地位後才來到新疆，因此對當地的情況一無所知，不會說維吾爾語，由於幾乎沒有從事少數民族工作的經驗，對新疆當地社會而言，完全是個陌生人。

1995 年 12 月，黨中央決定任命王樂泉為黨委書記，幕後推手是同為山東人、前一年被任命為中央組織部部長的張全景。就這樣，帶著幾分和諧氛圍的宋漢良時代宣告落幕，新疆從此開啟了十五年的王樂泉時代，一個毫無淵源的陌生人統治新疆，勢必又將為當地社會帶來一波新的浪潮。

# 第四章

## 鎮壓和發展同時進行
## （1996-2011 年）

# 1、「伊寧事件」和「九一一事件」

## ◎ 1996 年七號文件

經過國際形勢劇變和 90 年代初「巴仁鄉事件」衝擊後的新疆局勢在幾年內雖恢復了平靜，但社會不安的氛圍並沒有消失。1996 年上半年，反政府勢力開始在新疆各地曝光，組織成員與政府當局迎面交火的事件頻傳。同年 4 月底至 5 月初，九名青年在阿克蘇發生槍戰後發動自殺式炸彈襲擊，震驚社會。此外，當地穆斯林幹部和清真寺領袖也相繼遭到襲擊和暗殺，其中自治區政協副主席阿榮汗．阿吉遇刺未遂事件最令人震驚[123]。

阿榮汗是喀什大清真寺的伊瑪目（集體禮拜的領袖），同時也是一位追隨共產黨政府的體制內菁英，被一些人視為「民族的叛徒」。1996 年 5 月 12 日黎明，阿榮汗在去禮

拜的路上遭到襲擊。據傳與阿克蘇自殺式炸彈攻擊同樣是由東突厥斯坦伊斯蘭反對黨的組織所犯下，但真相至今不明。

　　事件的背後有諸多傳聞，有一種說法是，妻子被政府下令墮胎的一位男性與阿榮汗商量時起了爭執，一氣之下割掉阿榮汗的耳朵[124]；另一個說法是，為了迎合領導層的喜好，阿榮汗指名他人擔任伊瑪目，招致怨恨。雖然無法證實每個說法的真偽，但阿榮汗為了遵循政府的政策，主張墮胎不與伊斯蘭教義衝突，的確激起當地民眾的反對，使得他遇刺原因的謠言滿天飛。

　　其實早在事件發生前，政府就已經嗅到新疆出現不穩定的氛圍，需要採取對策。1996 年 3 月，中央政治局常委聽取政法委關於新疆問題的報告，發布「中央七號文件」《關於新疆穩定工作的會議紀要》，警告近期有爆發大規模事件的危險，並提高對「分裂主義」和非法宗教活動的警戒[125]。

　　然而，不熟悉新疆現狀的王樂泉等人一味地加強維穩措施，反而引來更大反撲的惡性循環，《紀要》中擔憂的大規模突發事件果真爆發。1996 年 8 月，數百人在伊犁地區中心城市伊寧示威，隔年 2 月更多的維吾爾人加入示威的行列，被稱作「伊寧二五事件」。

## ◎足球的娛樂消遣被禁

　　伊寧是 1944 年宣布成立東突厥斯坦共和國的地方（見序章），由於靠近鄰國俄羅斯的邊界，歷史上深受俄羅斯和蘇聯的影響。1980 年代開放邊境、恢復貿易，成為通往蘇聯以及之後獨立的中亞國家的門戶，此地商務往來頻繁，也是吸收西方流行服飾的第一線，讓來自內地的漢人倍感驚訝。由於該地區深受外來文化的滲透，中亞哈薩克等國的獨立建國帶來了不小的衝擊，讓一些維吾爾人眼看哈薩克人和吉爾吉斯人可以建國，而他們卻不行感到不滿，政府也對這種「分裂主義」保持高度警戒。

　　此時伊寧當地政府對一種名為「麥西熱甫」的維吾爾民俗特別警戒。「麥西熱甫」指的是閒暇時的朋友聚會，透過用餐和娛樂加深友誼；當時年輕人的「麥西熱甫」流行以足球作為交流方式，許多維吾爾人藉由這樣的活動加深團結，但也引來政府的戒備。時值「中央七號文件」的頒布，指示要盡快將大規模的突發事件扼殺在萌芽階段。1996 年 8 月中旬，「麥西熱甫」的主辦人阿不都外力突然被捕，足球比賽被禁。

　　市民開始走上街頭，要求釋放阿不都外力和主張足球的合法性，政府用催淚瓦斯進行鎮壓，逮捕了數百人，至於遭逮捕的阿不都外力而後順利逃脫。根據水谷尚子對相關人士的採訪，阿不都外力在獄中絕食，因極度營養不良

被送往醫院，恢復意識後便下落不明，在他潛逃的時候，阿不都外力意識到自己已經無法再逃脫，決定帶頭示威，而不是坐以待斃。長久不滿於民族不平等的當地人響應他的號召，當中有許多是年輕人。

1997 年 2 月 5 日，發生一場被稱作「伊寧二五事件」的大規模示威活動，這場因政府的對策導致的大規模突發事件，某種意義上來說正是當初預言的一語成讖。

## ◎伊寧事件的始末

示威活動持續了四天，衝突到鎮壓的過程中造成多人傷亡。根據內部文件，示威者失控打砸搶的過程中，造成至少 198 名平民受傷，其中 7 名漢人平民死亡[126]，不過中國的刊物往往只列出無辜受到波及的平民傷亡情況，而對他們口中的「暴徒」傷亡情況則隻字不提。據目擊者稱，鎮壓部隊向受到圍困的示威者發射高壓水柱，高壓水柱也許聽起來很溫和，但其實在氣溫零下的室外，許多人被冷水沖洗後活活凍死。

事發後，熱比婭立即趕往伊寧，聲稱示威是和平的，並有大約 8 千人在衝突和鎮壓過程中下落不明[127]。根據世界維吾爾代表大會後來發表的報告，維吾爾人受害者中至少有 100 人死亡，且至少有 200 人被判處死刑，約 4 千人被捕[128]。

由於訊息受到管控，確切的數字不得而知，但從水谷尚子的訪問調查中可以看出，事件過程中多人遭到拘捕。根據倖存者的證詞，示威第一天中午被拘捕的 700 人由於無法收置在同一個地方，被分散到伊寧周圍的監獄，獄中的酷刑難以想像，示威領袖阿不都外力則死於伊寧南部察布查爾監獄的水牢中[129]。

如此重大的事件勢必掀起更大的波瀾。2 月 25 日，烏魯木齊發生三台公車爆炸事件，造成多位平民傷亡。此前不久鄧小平逝世，北京正在舉行追悼會，對反政府勢力而言是對共產黨一舉報復的大好時機，新疆各地襲擊、暗殺、爆炸事件空前頻傳，3 月，北京發生公車爆炸案，光是 1997 年上半年，就有 56 起後來被認定為「恐怖事件」，造成 42 人死亡[130]。在這樣的情況下，政府的打壓變得更加嚴厲，鄧小平逝世後同年 7 月 1 日，香港回歸，當國際社會聚焦在中國的國家統一時，政府趁勢加強打壓力度。

## ◎加強打擊和大逮捕

以王樂泉為首的自治區領導層繼續加大鎮壓力度，對「伊寧事件」後的治安不斷惡化毫不畏懼，這一時期的領導層謹記蘇聯解體的教訓，認為應該對「分裂主義」抗議活動進行嚴厲的鎮壓，才能避免步上蘇聯的後塵；同時「中央七號文件」中，黨中央下令嚴防「分裂主義」和非法宗

教活動。1997 年 4 月，全國人大常委會委員長喬石視察新疆，呼籲應徹底打擊「分裂主義」活動。喬石是「六四天安門事件」中對要求民主化的學生表達同情的一方，但在新疆問題上，連這樣的人也支持徹底的鎮壓。

王樂泉的領導層寧可濫抓，也不放過任何一個可疑的「分裂分子」，因此擴大「分裂主義」的定義，在打擊「分裂主義」的大前提下，即使當中有人遭到冤枉，也不對幹部問責。毋庸置疑，此時統治秩序的穩定和國家統一的維護，高於個別嫌疑人的人權[131]。

「分裂主義」在這樣定義模糊不清的情況下，鎮壓範圍朝「有罪推論」擴大，即便是長期留在體制內的菁英，在王樂泉底下同樣受到警告或逮捕，尤其是以幹部身分獲取內部訊息的人、與外國有聯繫，涉嫌勾結外國組織策畫「新疆分裂獨立」的人。其中包括當時在日本東京大學人文社會學研究科攻讀博士學位的吐赫提・土亞茲，因疑似與日本勾結而不幸被逮捕。

1998 年 2 月，「伊寧事件」發生一年後，吐赫提在臨時回新疆調查文件時被捕；1999 年 3 月，他被以國家分裂煽動罪及不法取得國家機密罪定罪，被判處 11 年有期徒刑，而他被定罪的理由不過是影印了新疆檔案館的目錄以及計畫在日本出版絲路相關書籍。當時他的東京大學指導教授組成的聲援小組在仔細研讀判決書後，認為即使從中國法律的角度來看也是誣告[132]。

吐赫提原本是全國人大常委會民族委員會的政治菁英，曾擔任賽福鼎的祕書。然而，1990 年代後期，賽福鼎已經失去過往日的影響力，無法繼續庇護吐赫提。吐赫提將妻兒留在日本，在獄中度過了十一年的歲月，直到 2009 年 2 月刑期屆滿獲釋，後於 2015 年因心臟病發去世。

## ◎熱比婭的倒台

吐赫提被捕只是其中一例，1999 年 8 月，熱比婭·卡德爾也被捕。身為政協委員的熱比婭對維吾爾人的處境相當痛心，根據熱比婭的自傳，「伊寧事件」後，她對這次鎮壓自行展開調查，將中國的報紙影本寄給了流亡美國的丈夫斯迪克·哈吉·肉孜，還打算與正在烏魯木齊訪問的美國國會代表團會面，就在抵達會面飯店的前一刻，一輛逆向而行的車撞上了熱比婭乘坐的計程車，熱比婭雖死裡逃生，但還是被警察包圍，當場逮捕。

熱比婭被捕的原因應該跟她從政協中獲得情報，試圖揭發新疆的真實情況有關，但是目前尚不清楚這些情報中包含多少國家機密。根據熱比婭的自傳，遭逮捕後，攝影機拍攝到她被下藥昏迷後，警方將一個裝有報紙的信封塞進她的衣服裡再取出的畫面。根據美國國務院的說法，熱比婭試圖提供的相關資料只是一份報紙的影本，都是公開資訊。

2000 年 3 月，熱比婭因非法獲取國家機密被判處 8 年
有期徒刑，不過她未服完刑期就於 2005 年 3 月突然被釋放，
並以就醫為名轉移到美國。這是美國國務卿萊斯
（Condoleezza Rice）訪華之前，中國就已經接受的協議[133]。

此後，熱比婭成為世界維吾爾代表大會主席，在美國
主導揭露維吾爾人人權狀況，土耳其和德國等各地的海外
維吾爾團體開始進行整合，2004 年成立世界維吾爾代表大
會，過去新疆沒有像西藏有達賴喇嘛這樣的魅力領袖，而
熱比婭獲得諾貝爾和平獎提名，且有知名度，中國將熱比
婭釋放到海外可說意義重大。

## ◎江澤民視察新疆與收緊幹部的管理

「伊寧事件」之後，中共開始專注於他們所謂的「提
高幹部素質」，逮捕像熱比婭這樣忠誠度可疑的民族菁英，
在淘汰部分幹部的同時，還計畫進行「幹部隊伍的建設」。

1998 年 7 月，「伊寧事件」後首次到新疆考察的江澤
民指出，要提高幹部的馬克思主義理論水平，提高政治覺
悟。此時，江澤民提出，幹部要擔負起反對「民族分裂」、
維穩的重任，要有政治敏銳性和堅定性。全區黨員幹部特
別是領導幹部要自覺地站到反對「民族分裂」、捍衛祖國
統一的鬥爭第一線，堅持馬克思主義無神論觀點、不信宗
教、不參與宗教活動。同時，要加強重視幹部團結和繼續

培養少數民族幹部工作，加強縣、鄉、村等基層黨組織建設，做好對各族人民的思想工作和組織工作，幹部要傾聽人民的呼聲和要求[134]。

於此重新確認了幹部的職責和收緊管理，雖說幹部要聽取人民的聲音和訴求，但實際上這些聲音和訴求僅限於體制允許的範圍，如果這些要求會導致「民族分裂」，幹部就必須堅決反對，其結果導致地方民族幹部不再扮演向上傳達社會聲音的角色，而是全身投入向社會傳達上級的指示和宣傳，因此不可能再出現第二或第三個像熱比婭這樣代表地方向中央要求改善的人。

## ◎兵團領導的強化

共產黨在收緊幹部，尤其是少數民族幹部管理的同時，也加強對新疆生產建設兵團的領導。以漢人為主的兵團，是黨維護異民族治理秩序的可靠存在。江澤民在 1997 年 5 月 20 日召開的中央財經領導小組會議上提到，從西漢開始，中國歷朝歷代都將屯田作為國策，歷史和黨至今的成果都證明，屯田有利於邊防和西部的穩定[135]。鄧小平、王震等人也曾指出兵團存在的意義，但在「伊寧事件」之後，江澤民又更加強調這一點。

在江澤民的倡議下，中共中央、國務院於同年的 10 月 10 日發布了關於進一步加強新疆生產建設兵團工作的通

知，通知中除了肯定兵團對新疆社會穩定的重要意義外，還指出要加強對自治區黨委、人民政府對兵團的領導。另外還確立新疆維吾爾自治區黨委書記兼任兵團黨委書記和分管政治工作的第一政委[136]。

這也意味著自治區書記王樂泉就是兵團的領導，王樂泉善於討好江澤民，讓江澤民全權交給他，兵團的指揮系統由江澤民所信任的王樂泉領導，讓王樂泉的領導權進一步強化。

## ◎恐怖主義的概念擴大

「恐怖主義」概念的迅速普及是「伊寧事件」後發生的另一個重大政策變化，「反恐」成為政策的主旋律。在此之前，官方幾乎不曾以「恐怖主義」的字眼或概念來形容新疆的「分裂主義」。

1991 年蘇聯解體後，中共升級對「泛突厥主義」（大土耳其主義）和「泛伊斯蘭主義」的警戒。前者把團結維吾爾人、哈薩克人和土耳其人等突厥系穆斯林視為理想，而後者則是把團結信仰伊斯蘭教的穆斯林視為理想。這兩種思想的歷史可以追溯到 19 世紀，未必對中國懷有敵意，但當時受到蘇聯解體的衝擊，江澤民政府將這兩種思想稱為「雙泛」並加以敵視，認為受到「雙泛」影響的維吾爾人會聯合中亞或土耳其等各方勢力發起「東突厥斯坦」獨

立運動。

　　「烏魯木齊公車爆炸事件」等無差別攻擊事件開始引起公眾關注，「恐怖主義」的觀點隨之普及開來後，「恐怖主義」一詞開始被用來形容「分裂主義」反體制運動。江澤民在 1998 年 7 月訪問新疆時也借用這個概念，在「暴力恐怖事件」、「暴力恐怖犯罪分子」等表述中使用了「恐怖主義」一詞[137]。江澤民政府逐漸意識到「分裂分子」企圖製造「暴力恐怖事件」，加速「新疆獨立」運動[138]。

　　「恐怖主義」概念的普及，很大程度上與當時中亞和俄羅斯局勢的變化有關。穆斯林雖占中亞國家人口的大多數，但屬世俗化伊斯蘭，因此擔心「伊斯蘭原教旨主義」的蔓延。1999 年 2 月，烏茲別克政府認定發生在首都塔什干的爆炸事件是由「烏茲別克斯坦伊斯蘭運動」的組織實施的「恐怖攻擊」，決定與其對抗。同年 8 月，一名日本工程師在吉爾吉斯被扣為人質，也是「烏茲別克斯坦伊斯蘭運動」犯下的罪行。俄羅斯也在同年因無法忍受「伊斯蘭原教旨主義」滲透車臣獨立團體，發動第二次車臣戰爭。

　　這些「伊斯蘭原教旨主義」勢力與阿富汗塔利班政權建立關係，並得到各種形式的支持，「伊寧事件」後，一名從新疆逃到國外、自稱突厥斯坦伊斯蘭黨（Turkistan Islamic Party，TIP）的成員也加入這個網絡。在塔利班的保護下，突厥斯坦伊斯蘭黨吸收逃離新疆的激進分子，在周邊建立各種組織。中國將這些勢力統稱為「東突厥伊斯蘭

運動」（簡稱「東伊運」，ETIM），並譴責他們為「恐怖組織[139]」。

## ◎從上海五國到上合組織

　　針對這些形勢變化，中國以遏制國際上猖獗的「恐怖勢力」為號召，與同樣受到「恐怖主義」威脅的中亞國家和俄羅斯加強合作。1999 年，包括中國、俄羅斯、哈薩克、吉爾吉斯和塔吉克在內的「上海五國」開始將「恐怖主義」視為與「分裂主義」和「伊斯蘭原教旨主義」並列的共同敵人。「上海五國」原本是在邊境地區建立信任和畫定邊界的元首會晤，而後演變為各國在「反恐」領域開展合作的平台。2001 年 6 月，烏茲別克加入「上海五國」後成立的「上海合作組織」，宣布將共同應對「恐怖活動」、「民族分裂主義」和「宗教極端主義」，加強國際「反恐」合作框架的性質。

　　2001 年 9 月 11 日，美國發生一架被劫持的商用飛機墜毀在紐約世貿中心大樓和華盛頓國防部大樓的恐怖攻擊事件（九一一事件），此後美國大舉發動「反恐戰爭」，使中國能與美國在「反恐」戰線上進行合作。事件發生一個月後的 10 月美中元首會談上，兩國政府明確表示將共同努力根除「恐怖主義」。中方將維吾爾「恐怖」事件和「恐怖」組織訊息公開，宣傳敵人的殘忍程度，並指出「東突厥伊

斯蘭運動」（東伊運）與美國的敵人蓋達組織互相勾結。

　　2002 年 8 月，美國為換取中國的合作，將「東伊運」列入「恐怖組織」名單，將「東伊運」定性為「恐怖組織」，意味著打擊新疆分裂勢力已是國際公認的「反恐戰爭」。

## ◎定調「反恐戰爭」

　　「九一一事件」發生後，在以美國為首的西方國家轉向「反恐」的同時，中國國務院新聞辦公室於 2002 年 1 月 21 日發表一篇題為「『東突』恐怖勢力難脫罪責」的文章，文章從「恐怖主義」的角度重新看待新疆問題，傳達中國政府的立場，將 1990 年代以來的攻擊事件、暗殺事件、爆炸事件概括為「恐怖事件」。

　　具體來說，是將 1990 年「巴仁鄉事件」以來的 200 多起暴力事件稱為「恐怖事件」，強調這些「恐怖事件」造成各民族、基層幹部、宗教人士共 162 人死亡，超過 440 人受傷。關於「巴仁鄉事件」中農民抗議的部分被刪除，認定是一起「惡性恐怖事件」，事件的主謀東突伊斯蘭黨成員被稱為「恐怖分子」，強調他們破壞汽車、殺害警察的部分。其他事件也是如此，描述的重點放在「恐怖分子」的行為造成多少損失和受害者。

　　文章最後表示，為保護各族人民的生命財產安全，將堅決依法打擊「東突恐怖勢力」的「恐怖活動」，另外打

擊對象僅限於指揮該事件的骨幹分子，對受騙參與「恐怖活動」的大多數人採取教育，歡迎他們改邪歸正[140]。前半部關於堅決給予打擊的部分，類似於美國在「九一一事件」後的立場，站在「恐怖事件」受害者的一邊，堅決對抗「恐怖分子」；後半部關於透過教育改造的部分類似中共過去對右派和地主階級所做的改革，也是促成近年「職業技能教育培訓中心」再教育的重要因素。

此外，這篇文章沒有說明為什麼「恐怖分子」會突然出現在 1990 年的「巴仁鄉事件」中，也沒有提及 1980 年代發生的眾多抗議、示威和騷亂（見第三章）。更沒有提及對當地穆斯林反對計畫生育、增加移民和政治不民主的抗議活動進行單方面鎮壓的事實，以及與政府對話的希望破滅迫使人們投入自殺式的抵抗，成了政府所說的「恐怖分子」等背景。站在中共絕對正確的角度，關於製造「恐怖分子」的結構性因素不允許討論。

## ◎對抗「三股勢力」

「九一一事件」後，國際間形成反恐風潮，由於發動「九一一事件」的勢力背後有「伊斯蘭原教旨主義」的影響，各地對「恐怖主義」和宗教之間的串連加強戒備，「恐怖主義」與宗教幾乎被畫上等號，導致世界各地與「恐怖主義」無關的無辜穆斯林飽受歧視。

中國在全球「反恐」潮流的影響下，強烈意識到新疆多起「恐怖事件」背後有宗教極端分子，於是迅速加大對宗教的打擊力度。12 月 10 日，距離「九一一事件」不到三個月，江澤民在全國宗教工作會議上發表題為「論宗教問題」的演說，江澤民認為所有策畫「九一一事件」的「恐怖分子」都是「宗教極端分子」，並強調做好宗教工作的重要性。他還聲稱，國外的敵對勢力想利用宗教、支持「達賴集團」和「東突恐怖勢力」的分裂運動來推翻中共[141]。根據上述觀點，江澤民在加強黨對宗教工作的領導、黨的宗教政策宣傳教育、黨和宗教界的愛國統一戰線等方面下了重要指示。

　　對此，2002 年 1 月 20 日，中共中央、國務院發布關於加強宗教工作的決定，根據江澤民的演講，指示加強宗教管理、農村宗教工作、黨對宗教工作的領導。這個決定是為了打擊被江澤民視為邪教的「法輪功」，至於「達賴集團」和「東突恐怖勢力」也同樣被指控利用宗教進行分裂破壞活動和暴力恐怖活動。關於新疆，特別指出「民族分裂勢力、宗教極端勢力和暴力恐怖勢力以宗教為幌子，以暴力恐怖為手段，以分裂祖國為目的」，並主張「我們與這三股勢力及其支持他們的國際反華勢力是敵我性質的鬥爭，必須旗幟鮮明，針鋒相對，主動治理[142]」。

　　中國開始加強打擊「宗教極端勢力」，由「宗教極端勢力」、「民族分裂勢力」和「暴力恐怖勢力」組合而成

的「三股勢力」一詞逐漸成為敵對勢力總稱的固定說法，混雜在一起的「三股」勢力助長了對維吾爾人的偏見，尤其是留著鬍子的虔誠維吾爾人開始被懷疑是「恐怖分子」，類似的偏見不僅在中國國內蔓延，也在國外蔓延開來，堅決打擊「三股勢力」的中國成功搭上了當時「反恐戰爭」的潮流。

中國的立場得到當時的國際社會理解，「上海合作組織」（前身即「上海五國」）將這「三股勢力」明確為共同敵人，並制定聯合鎮壓它們的法律。正在進行「反恐戰爭」的美國和歐洲，也傾向站在中國政府主張的「反恐」立場，不再聽取發動「恐怖事件」的維吾爾人的意見，使得鎮壓「伊寧事件」的過程中即使出現暴力和侵犯人權的行為，中國也被冠以「反恐」國家的標誌，免受國際社會的譴責。與「六四天安門事件」的國際環境相比出現明顯轉變，整個 2000 年代上半，在新疆執行的「反恐政策」獲得國際社會的認可，一切都按照中共當局的計畫進行。

## 2、加劇矛盾的「西部大開發」

### ◎「西部大開發」的啟動

「伊寧事件」之後至 2000 年前後，在「西部大開發」的旗幟下，經濟開發的加快步伐，是新疆政策出現的各種

變化當中值得關注的部分。「西部大開發」是指重點開發中國西部一帶的國家戰略，於 1999 年 11 月中央經濟工作會議上正式提出，2000 年 3 月全國人大通過後，成為 2001 年開始的第十次五年計畫（「十五」計畫）的主軸。這裡所指的西部包括四川、雲南、甘肅等中國內陸的廣大地區，不限於新疆，不過民族自治區域脫貧的根本目標與新疆經濟和當地穆斯林的生活息息相關。

如〈第三章〉所述，自 1990 年代上半以來，江澤民政府認為，經濟發展是新疆政治穩定的必要條件，在加強治安管理的同時需重視經濟政策。1990 年代後半期，連接吐魯番和喀什的鐵路、即南疆鐵路的基礎建設正在進行，該鐵路的吐魯番至庫爾勒段其實早在 1970 年代就已經在建，而尚未建成的庫爾勒至喀什段則計畫在「九五」（1996 年至 2000 年的五年）建設，1996 年 9 月開工，在「西部大開發」開始不久前的 1999 年 12 月全線通車[143]。

「西部大開發」啟動後，核心項目「西氣東輸」備受矚目。所謂「西氣東輸」是指天然氣由西向東輸送，是各類工程的總稱。其中最大的一項是建設從新疆南部塔里木盆地氣田到上海的天然氣管線大規模計畫。該計畫的基本設計早在 2000 年就完成了，2002 年與殼牌石油公司合資開始部分建設，2004 年竣工，全長約 4,000 公里，跨越三座山、五條河，以及黃土高原、江南運河，被譽為「三山一原、五越一網」的浩大工程。

## ◎「先富論」和搶占資源

「西氣東輸」毫無疑問是世紀工程，讓新疆進一步成為向沿海大消費地區供應石油和天然氣的能源基地；另一方面，新疆當地的穆斯林開始懷疑漢人正在奪取另一項新的資源也是不可否認的事實。

政府以改善內陸與沿海地區的經濟差距、脫貧為名進行「西部大開發」，「先富論」是其背後的理念，也就是讓發達地區支援落後地區，最終讓所有人變得富有，實現「共同富裕」。自鄧小平提出之後，江澤民執政時期也反覆強調這一點。

但是新疆不能說它是一個單靠發達地區支援的落後地區，作為供應石油和天然氣的能源基地，沿海地區能給新疆帶來多少利潤自然成為關注焦點，因此政府在 2003 年發布的《新疆的歷史與發展》白皮書中稱，南北貫穿塔克拉瑪干沙漠的沙漠石油公路是由塔里木油田出資 7.85 億人民幣建設的，是作為回饋當地的基礎設施發展。另外指出，光是「西氣東輸」項目每年就為新疆財政收入增加十幾億元，為當地經濟發展做出了巨大貢獻[144]。

隨著油氣產業和基礎建設的推進，對新疆的投資確實有所增加，新疆經濟持續增長，烏魯木齊等地開始興建高樓，同時脫貧政策也在持續進行，提高人民的生活水準。

普及電視、廣播等的「西新工程」（西藏─新疆工程）於2000年啟動後，彩色電視和黑白電視分別在城市地區及農村地區開始普及。

不知道新疆民眾對這些回饋有多大的感受，但新疆民眾普遍認為沿海地區會將利潤吸光，因而反倒認為新疆與沿海地區之間的差距以及民族之間的差距會繼續擴大，這是因為不論是石油天然氣部門還是黨組織的領導都主要來自中國內地、尤其是沿海地區的漢人。另一方面，當地的穆斯林工人覺得日常生活中總被處於社會要職的漢人幹部蔑視，對於當地穆斯林來說，缺乏漢語能力，晉升道路也就變得非常有限。

「先富論」的說法雖然可以撫慰內地經濟落後地區的人心，但在民族分裂的新疆，穆斯林群眾的焦慮卻難以完全打消。

資源的問題與資源民族主義有共同之處，在當地的穆斯林心中，仍然無法接受新疆是中國的一部分，認為這些資源本來就是屬於他們，這樣的心理也與鄰近的中亞國家在獨立後利用其資源進行經濟建設有關。

另外，當地民族幹部也很難參與這些經濟政策的決策過程，2000年在北京成立的中央新疆工作協調小組中，增加了自治區黨委書記王樂泉為副主席，但自治區人民政府主席等新疆的民族幹部卻沒有列入其中，這個協調小組以中央政法委書記（時任羅幹）為首，橫跨黨中央、國務院、

武警部隊等各部門進行政策協調。成員中沒有任何一位新疆民族幹部，表明並未把當地民族社會的聲音納入政策協調。

## ◎塔里木河水資源引發的衝突

除了上述的地下資源問題，水資源也是一大問題，尤其是塔里木河水資源枯竭的問題。塔里木河流經塔里木盆地西部的崑崙山、天山融雪後，自西向東橫穿塔里木盆地北緣，還未流到大海就消失在沙漠中，河的盡頭是有「游移湖」之稱的羅布泊，因河流改道而屢屢消失不見。20世紀下半葉，隨著開發的推進，塔里木河水量急劇減少。1980年代，當地農民開始抗議在下游的尉犁縣和上游修建水壩及兵團增加取水量的問題，但抗議無果；到了1990年代，下游的農業和畜牧業無法生存，甚至兵團的農場也出現缺水問題。

面對這種情況，老百姓無計可施，兵團的耕地由另一條名為孔雀川的水系供應，但其他農民的耕地則荒廢，甚至出現了整個村莊被遺棄的情況。2001年，NHK與中國共同製作的《塔克拉瑪干沙漠之旅：追尋消失的大河》探訪一個幾乎無人居住的下游村莊，採訪團隊遇到一位無法離開熟悉的村莊而被遺棄的老人，老人還留著河流有水時曾使用的小船，期待再次在河上划船的那一天。

其實從前一年的 2000 年起，就已經開始以定期放水的方式改善塔里木河末端狀況的措施，政府也不能完全把發展放在首位而對問題置之不理，政府開始關注流域環境和人民生活。2001 年，新疆維吾爾自治區政府和水利部就塔里木河用水做出即時規畫，經國務院批准，決定加強水資源的統一管理，不再擴大農田灌溉，並開始將沿途攔水的大壩計畫性地放水[145]。由於這些政策的修改，NHK 才得以進行採訪，老人也才得以接受採訪，但光是計畫性放水並不能如老人期望的那樣讓河流恢復到原來的樣子。

由於塔里木河問題的規模巨大，受到中央政府高度重視，給予了特別的照顧，但實際上還存在許多其他問題。自 1990 年代後期以來，中央政府和王樂泉領導層一直在敦促兵團以及內地來的企業大力發展，隨著發展的推進，俗稱「一黑一白[146]」的石油（黑）、棉花（白）、稀有金屬開採等失序發展所帶來的弊端開始到處浮現。

根據後來逃往海外的中國籍哈薩克人薩吾提拜（Sayragul Sauytbay）回憶，1997 年左右，過度開發的結果導致她的家鄉泉水乾涸，河床見底，缺乏飲用水[147]。《民族區域自治法》第 27 條規定，嚴禁破壞草原、森林和開墾農田，但實際上該法被經濟發展的口號淹沒，法律形同虛設。

當地穆斯林很難對這種情況提出申訴，如果行為被看作是在攻擊漢人，尤其是兵團，就可能被貼上「分裂分子」

的標籤，許多世世代代居住在該地區的穆斯林被迫放棄並改變原有的生活方式，導致他們的不滿情緒不斷累積，主張拼經濟的政府與受害人民之間的矛盾就此擴大，由不了解當地實際情況的王樂泉擔任領導，經濟開發的弊端開始出現在社會的各個角落。

## ◎發展以漢語為主的雙語教育

江澤民的「西部大開發」不僅限於經濟發展，還包括人才培育等實現經濟發展所需的環境和條件，影響擴及多各個層面，教育就是其中之一，尤其是是雙語教育的變革。

這裡的雙語教育是指母語不是漢語的少數民族學童，同時接受該民族的語言和漢語（普通話）的教育。新疆早在 1950 年代就開始培養有助於加強民族團結的漢語雙語人才，文革期間，推動完全的漢語教育，排除維吾爾語、哈薩克語等民族語言的教育，但從 1980 年代到 1990 年代，越來越多的少數民族兒童所就讀的學校開始主要以少數民族語言授課，而把漢語作為第二語言教學。

政府認為他們在用自己的方式維護少數民族文化，但是興辦民族教育的維吾爾人對本民族語言教育的熱忱，才是促成新疆學校民族語言教育蓬勃發展的關鍵。維吾爾社會本來有著不同於中國的文字文化史，如同〈序章〉所言，在中共統治前的遙遠古代已有普遍通行於中亞的書面語察

合台語，維吾爾語的現代學校教育基礎是 1910 年代以來發展的新式教育，且是由維吾爾人主導建立的民族語言小學教育。即使在中共的統治下，現代維吾爾語文學、創作和教育仍在強烈的主體意識下進行，維吾爾語文化雖然受到文革的破壞和踐踏，但並沒有消亡，反而得到復興，從中可以看到知識分子和教育家不屈不撓的精神，願將自己民族的語言和文化代代相傳。

1990 年代後半期，新疆局勢不穩，江澤民比過去任何一屆政府更加重視維護國家統一、加強民族團結時，教育領域也發生了變化。1999 年，在「西部大開發」啟動的前後，政府改變以往的政策，開始加強漢語教育。同年 9 月，國務院發布《關於進一步加強少數民族地區人才培養工作意見》，指出為了安定團結和國家統一，內地高等院校需擴大招收少數民族學生、教師、幹部等。2000 年以後，北京、上海、天津等沿海城市的高等院校設立「新疆班」，每年選拔一千名從新疆初中畢業的少數民族學生。

下一屆的胡錦濤政府繼承了這項政策，新疆的教育現場擴大了漢語使用範圍。2000 年代前半期，新疆大學等重點大學除部分學科外，基本全部改用漢語。2004 年 3 月，新疆維吾爾自治區黨委、人民政府公布《關於大力推進「雙語」教學工作的決定》，提出逐步將新疆所有學校的教學語言改為漢語，民族語言為其中一門學科的教學方針。關於具體的時間點，提出北疆城區及其他地區分別至 2010 年

和 2016 年前完成所有科目的教學語言改為漢語的計畫，而後為了實現這一目標，全國各地的教育局對學校教師進行漢語能力測驗，要求漢語能力不足的教師轉職或退休[148]。

當地社區對這些政策的反應不一，有不少的少數民族家庭申請沿海的高等院校所設立的「新疆班」，可以看出父母對孩子在中國社會出人頭地的期盼，由此也可看出，不會說漢語的當地穆斯林在社會晉升之途所受限的殘酷現實。

同時，當地的維吾爾人和其他當地穆斯林憂心無法將本民族的語言和文化好好傳承下去，危機感已經上升到前所未有的程度，加強漢語教育只會讓維吾爾人最終被漢人同化。對維吾爾人來說，他們的民族語言教育不是中共政府賜給他們的，而是在共產黨來之前由他們自己獨創，且在政府的各種限制下重建起來，因此對政府單方面的改變政策感到憤慨。怨恨最深的，恐怕是而那些因為漢語不好而被迫離職的老師及其家人。

另一方面，漢人的感受也不能忽略。2000 年開始，「新疆班」基本上由政府資助學費和旅費，此外一般少數民族學生還有加分、降低錄取分數線等特殊待遇。這樣的「積極平權措施」對漢人來說是一種逆向歧視，不解為何維吾爾人在享受政策的特殊待遇的同時，卻發動「恐怖攻擊」來反抗國家，這樣的憤恨不平逐漸深植於漢人心中，也形成後來導致 2009 年「烏魯木齊騷亂」的結構性因素。

## ◎轉往內地的勞動力

　　「西部大開發」後來還朝著利用新疆剩餘勞動力的方向發展，與政府的脫貧政策、尤其與解決失業率相關。政府認為問題在於農村的非農業收入仍然偏低，需要讓這些以微薄農牧業為生的貧困人口也能夠從經濟發展中受益。因此，新疆當地政府開始將貧困人口集體送往中國內地的企業，這項政策在中國被稱為「勞務輸出」，但這裡所說的「輸出」是指從新疆輸出勞動力到內地，而不是向其他國家轉移勞動力。

　　此類勞動力轉移政策主要在2000年代中期擴大到南疆，根據中國民族研究專家、北京大學教授馬戎指出，2006年，南疆有21,771名工人接受了職業培訓後被送往北京、浙江、天津、山東[149]。隨著派往沿海地區的工人數量增加，當地社區產生了各種問題，由於許多工人是未婚的年輕女性，家人特別擔心，一個維吾爾語的網站出現一些流言稱工人是被強行帶走的。馬戎的論文還引用了喀什地區科疏附縣一位鄉長的說法，這當中有2％至5％的人是遭強制和命令輸出。如果這個比例正確，儘管比例很低，但也是違背他們的意願才被送去的。

　　另一方面，2009年9月國務院發布的《新疆的發展與進步》白皮書集中在強調政策的成果。白皮書顯示，2006年以來，僅喀什地區伽師縣就一共送出了19,000名工人，

該縣送出的工人平均年純收入超過 7 千元，這個數字相當於當時的新疆農牧民平均收入的兩倍[150]。

白皮書雖強調政策的成果，但其實在這份白皮書發表的兩個月前，烏魯木齊爆發了一場大規模的騷亂，也就是2009 年「烏魯木齊騷亂」（七五事件）。針對這一事件，中共透過白皮書向國內外證明其新疆政策的正當性；但事實上，這起事件正好與一系列輸出勞動力措施有著密切的因果關係，事件起因於被送往廣東省的維吾爾工人遭到當地漢人工人襲擊的事件。

## ◎ 2009 年烏魯木齊騷亂

襲擊事件的發生地是位於廣東省韶關市郊區的香港玩具製造商的工廠。這家韶關旭日國際有限公司的 18,000 名員工中有 800 名是維吾爾人，當時這些勞動密集型產業的就業正受到全球金融危機的嚴重影響，各地紛紛裁員，一些被解僱的工人將他們的憤怒指向受政策保護的維吾爾員工，在網路上對維吾爾人加以誹謗。

最後，一個聲稱維吾爾人在工廠性侵女性的不實指控導致 2009 年 6 月 26 日凌晨發生一起襲擊和鬥毆事件。新華社稱，有兩名維吾爾人在事件中喪生，另有 118 人受傷，其中包括漢人，該事件的影像經網路散播後，在新疆民眾中引起軒然大波，他們無法忍受維吾爾人在政府政策下外

出打工，受到歧視、被誹謗，甚至丟掉性命。

7月5日，烏魯木齊人民廣場附近出現抗議示威，示威活動的開始時是和平示威，但沿著解放南路往南移動，參與者人數迅速增加導致場面失控，人群與警方發生衝突。武警後來被調入並開始掃射，許多人受到波及無處可逃而被槍殺或逮捕，人群開始失控，整個市中心到處出現焚燒和暴力事件，鎮壓的過程造成更多的人員傷亡。自治區人民政府主席努爾白克力立即發表聲明，指責境外的「三股勢力」散布謠言煽動民眾。

上述是所謂的「烏魯木齊七五事件」過程，但騷亂並未在當天就結束，在事發兩天後7月7日政府發布的影像中，受害者多為漢人，激發了漢人的反擊，他們手持棍棒、鐵管和鐵鍬，放火焚燒清真寺和維吾爾商店進行報復。正如星野昌裕所指出的，漢人的騷亂規模出乎意料，占多數的漢人變成暴民，讓政府感受到前所未有的威脅[151]。當時正在義大利訪問的胡錦濤缺席峰會緊急返國，帶頭穩定局勢，於8月22日至25日視察新疆，會見了騷亂遇難者的家屬和配合維護治安的人員，慰問當地民眾，呼籲「西部大開發」、民族團結、維穩取得進一步進展。

不過胡錦濤這樣了無新意的表現和政策未能平息漢人的不滿。8月烏魯木齊因注射針頭受傷事件頻傳，使社會動盪加劇。9月3日，數萬名漢人再次發起示威和騷亂，此時，漢人毫不畏懼地高聲要求王樂泉書記下台。顯然，生活在

新疆的漢人被壓抑的憤怒不再只是針對維吾爾人，也怪罪
王樂泉領導層放任騷亂發生。此時政府解任烏魯木齊市委
書記栗智試圖來平息局勢，繼任書記的是日後因下令關押
少數民族而受到美國和歐盟制裁的朱海侖（見第六章）。

烏魯木齊後來逐漸恢復了平靜，王樂泉也不必在這個
階段辭職。然而，2009 年的「烏魯木齊騷亂」與以往的事
件不同，它讓中共意識到了漢人的不滿程度，事件發生後，
新疆的漢人不容忽視，政府開始重視漢人，同時少數民族
的優惠政策也越來越難推行。

## ◎政府的應對與首次中央新疆工作座談會

政府對 2009 年「烏魯木齊騷亂」的應對涉及社會多個
層面。首先，大規模搜查事件相關人士，連像維吾爾學者
伊力哈木・土赫提這樣不主張獨立的人也遭到逮捕。伊力
哈木・土赫提因創辦「維吾爾在線」的網站，發表言論而
受到警告。

此外，為防止騷亂再次發生，政府推動加強民族團結
教育。2009 年 12 月 29 日，中共中央和國務院整理了《關
於深入開展民族團結宣傳教育活動的意見》，並制定《新
疆維吾爾自治區民族團結教育條例》。經濟發展政策也得
到加強，2010 年 3 月下旬，召開了全國新疆「對口支援」
工作會議，所謂的「對口支援」是內地發達地區支援新疆

地方行政單位的框架，可理解為配對支援、一對一支援。框架本身已經存在許久，只是另外在派遣幹部、資金提供、技術教育培訓等方面加強支援。

同年 5 月 17 日至 20 日，召開首次中央新疆工作座談會將政府的應對措施做一個總結。在會議上，胡錦濤多次提出持續深入「西部大開發」等經濟發展、透過加強民族團結實現穩定等方針政策。其中，除加強前述的「對口支援」外，還需普及學齡前兒童的漢語教育，擴大扶貧措施，提高新疆各民族生活水準，以及加強組織新疆勞動力自願轉移到內地。總體而言，提出了未來五年改善基礎建設、增強發展能力、加強民族團結和鞏固社會穩定的前景，並提出要在 2020 年基本消除絕對貧困的目標[152]。

這些政策都是江澤民時代新疆政策的延伸，進一步加強江澤民時代的經濟發展至上主義，而不是根本性的改造。另一方面，在首次的中央新疆工作座談會召開前，人事出現大變動──4 月 10 日，當了十五年新疆維吾爾自治區黨委書記的王樂泉被免職，震驚各界。

## ◎從王樂泉時代邁向張春賢時代

王樂泉對江澤民相當忠誠，受江澤民的庇蔭，在治理新疆十五年後，中共的統治得到鞏固，因此有了「新疆王」的稱號。但為了新疆的穩定，拔掉王樂泉這個壓艙石必須

慎重。社會從「烏魯木齊騷亂」稍微恢復平靜之後，王樂泉必定要為這一連串事件負責。

於是王樂泉被迫下台，但胡錦濤領導層仍需平息漢人怒火，萬一出了差錯，不滿的情緒將直接撲向胡錦濤，因此書記的繼任人選需要慎重考慮，最後選中了在湖南當地受到民眾愛戴的湖南省委書記張春賢。

張春賢被稱為最早適應網路的共產黨官員之一，他在網路上與市民互動，在民間受到好評，期待他在擔任地方書記期間能與當地人民建立良好關係是他雀屏中選的主因。而張春賢上任後也確實廣受好評，由於他的前任態度較為強硬，張春賢被認為相對溫和，為了安撫民眾情緒，應是一個合適的人選。

長達十五年的王樂泉時代就這樣落幕，給漢人和當地穆斯林留下了相當大的負面遺產。「反恐」和經濟發展在新疆人民的民族關係中留下了不可估量的禍根，然而，以「反恐」和經濟開發為主的政策並未因此改弦易轍——換屆治理並不一定意味著政策上的改變，鎮壓與發展並行的基本方針在此之後仍繼續堅持。張春賢本人給人溫和的印象，但在他的治理下，「反恐」卻不斷加強。對 2010 年 8 月「阿克蘇爆炸事件」、2011 年 7 月和田、喀什接連發生襲擊等「恐怖事件」的鎮壓極為嚴厲，暴力的連鎖效應持續發酵。

政府在鎮壓的同時追求經濟發展，卻沒有得到當地穆

斯林的感謝，反而加深當地人的反感。以漢語為主的雙語教育、勞動力向內地轉移等政策問題就此延續到習近平時代。

第五章

走向反恐人民戰爭
（2012-2016 年）

# 1、進入習近平時代

## ◎對懷柔政策的期待

自 2009 年「烏魯木齊騷亂」以來，胡錦濤政府在維持「反恐」政策的同時，試圖透過加快經濟發展來解決民族問題。2011 年 9 月在喀什和霍爾果斯建立經濟開發區正式拍板後，新任書記張春賢加大經濟開放的幅度，不過在這些經濟政策中，幾乎看不到當地穆斯林參與的身影，參與的主要還是內地企業。另一方面，新疆各地出現政府口中的「恐怖事件」及鎮壓後產生的連鎖效應，「烏魯木齊騷亂」留下的傷疤仍未修復。

2012 年秋天，習近平就任總書記時，新政府的新疆政策備受關注，習近平其實早在 2009 年 6 月 17 日至 21 日「烏魯木齊騷亂」之前已經訪問過新疆[153]，訪問後緊接著就受

到騷亂的衝擊；此外，中華人民共和國成立後不久，習近平的父親習仲勳曾受命管理包括新疆在內的西北地區（見第一章）。有一部分是基於這樣的背景因素，使得習近平有強烈的意圖來解決歷屆領導人、甚至他的父親都處理不好的新疆民族問題。

由於習仲勳曾批評王震在 1950 年代初期的激進政策，加上他本人對新疆穆斯林採取懷柔政策，使得他在文革中受到嚴重打擊這件事在某種意義上與民族幹部經歷了相同的遭遇，因此新疆的穆斯林社會盼望習近平能像他的父親一樣，根據事態發展改正過激的新疆政策。

這些預期從後續發展來看，著實過於樂觀，但起初也並非完全沒有根據。2012 年 11 月習近平就職後，協調新疆政策的機關中央新疆工作協調小組的組長，由中央政法委書記周永康交接給全國政協主席俞正聲，意味著協調小組的指揮系統從管理治安政策的政法系統轉向統戰系統。此外，時任寧夏回族自治區人民政府主席的王正偉被任命為辦公室主任，指導中央新疆工作協調小組的日常工作。從這樣的組成來看，外界認為習近平政府有意在一定程度上鬆綁新疆政策。

從後續的發展來看，習近平上台後並沒有鬆綁一直以來的高壓措施，形勢反而更加惡化。2013 年 10 月，一輛汽車衝撞北京天安門廣場，隔年 3 月，雲南省昆明火車站發生無差別砍殺事件，當局斷定兩起事件是由「東突厥斯坦

伊斯蘭運動」參與策畫的「恐怖攻擊」。

對此，中國境外出現各種質疑，比如發生在天安門的汽車衝撞事件是否為偽造，昆明車站事件的動機是否是因為無法出境到東南亞的維吾爾人被逼得走上絕路，雖有各種質疑但都無法證實，也無從得知政府公告之外的資訊。不過，整個中國都認定這兩起事件是由維吾爾極端分子發動的「恐怖攻擊」。在這種情況下，要求打擊「恐怖分子」的輿論將政府進一步推向了「反恐」路線，習近平執政初期的懷柔政策預期很快就落空了。

## ◎絲綢之路經濟帶

另一方面，習近平在經濟政策方面提出了「一帶一路」這樣大膽的構想。「一帶」即「絲綢之路經濟帶」，與新疆有很大關係，新疆被定位為這一倡議的「核心區」。當時，全國只有兩個省、自治區被畫定為「核心區」，另一個「21世紀海上絲綢之路」的核心區為福建省。

習近平倡議的「一帶一路」與他曾在福建省工作的經歷有關，新疆則因為地理位置與福建並列為核心區。2013年9月，習近平訪問新疆西部鄰國哈薩克時，首次提出「絲綢之路經濟帶」。9月7日，習近平在哈薩克的納扎爾巴耶夫大學發表演講，提出將建設太平洋到波羅的海的運輸大通道等經濟合作。習近平還指出，中國與歐亞國家將合力

應對「三股勢力[154]」。習近平政府打算以超越「西部大開發」的規模對外開放內陸經濟，壓制前任留下的新疆問題。

　　隨著新疆被指定為「絲綢之路經濟帶」的「核心區」，中國進一步採取了經濟開放政策，與哈薩克接壤的霍爾果斯和阿拉山口的建設是政策的亮點。這兩個邊境口岸因地處物流大動脈，迅速發展成為連接中國各地與歐洲的定期貨運列車「中歐班列」的基地。此外還對喀什經濟特區和新疆其他地區進行「對口支援」，沿海各地區的資金投向了各自負責的區域，加速了喀什等新疆地方城市的開發和再開發。

## ◎政府和民眾的認知落差

　　按照政府的假設，舉國上下對新疆經濟的「支援」，以及「絲綢之路經濟帶」進一步推動對外開放，新疆經濟就會得到提振，可逐漸消弭當地穆斯林的不滿，確實體制內的一些民族領袖和與體制立場親近的一些地方穆斯林對此寄予厚望，然而，與以往的經濟政策一樣，這些政策的影響在多大程度上受當地民眾歡迎，值得懷疑。無論是「絲綢之路經濟帶」，還是之前的「西部大開發」，重點都是以漢人為首的大企業和國企，當地穆斯林處於被動地位。

　　無論政府的政策是什麼，當地民眾都有可能在不知情的情況下突然被強加一些已經決定好的措施。例如政府打

算在郊區為老城區的居民建造新的公寓，此舉被視為驅逐長期居住在市中心的穆斯林居民而遭到反對；於是政府宣傳說，老城的建築物破舊不堪、過度密集，一旦發生地震或火災就很危險；但民眾認為，一座經歷過無數次地震和火災的500年歷史建築應該比可能偷工減料的公寓安全得多。因此，特別在喀什老城改造中，當地居民被迫遷出的不滿情緒有所增加，此事被《紐約時報》等報導而曝光[155]。

即便如此，經濟發展所帶來的社會變革依然逐步加速。留在老城的服裝、鍛造等傳統產業被迫熄燈，《日本維吾爾人揭露的維吾爾種族滅絕》一書的作者穆愷黛絲的母親家就是其中之一。2010年，在新疆南部城市阿圖什經營了十七代的打鐵店倒閉，他們的主要業務是馬蹄鐵生產與修理，但由於缺水，無法生產馬飼料，該地區飼養的馬匹數量急劇減少，對他們的生意造成了打擊。穆愷黛絲說，水資源短缺和該地區的破壞與生產建設兵團有關[156]。

當然，除了缺水以外，還有其他各種因素造成馬匹數量減少，缺水也不僅僅是軍團造成，然而，對世世代代居住在當地的鐵匠世家來說，自從許多外來者到來後，水源和馬匹消失，社會發生了變化，家族企業也消失了。傳統產業因現代化而無法生存的現象在世界各地隨處可見，但地方經濟的自主發展與外來者自上而下的開發，兩者間所蘊含的意義卻大相徑庭，尤其被迫關掉經營了好幾代的家

族企業的那種失落感想必很強烈，難以對政府有感激之情。

另一方面，體制內民族領導人的親屬、與政府關係密切的商人，透過觀光業發財，官媒則用一些受益者的口吻進行了諸如「感謝黨和政府的好政策」等宣傳[157]，但其實他們別無選擇，為了生存配合政府的政策只好轉向觀光業，就算不情願，也只能順應社會變化。

## ◎習近平視察新疆

習近平倡議「絲綢之路經濟帶」，為新疆經濟開放鋪路後，2014 年 3 月，他派中央新疆工作協調小組組長俞正聲考察新疆；隔月，4 月 27 日至 30 日，習近平親自視察新疆。視察期間，習近平和俞正聲、張春賢、努爾白克力等人走訪了烏魯木齊、喀什的村莊、企業、部隊、學校、派出所、清真寺、新疆生產建設兵團等。在參觀小學時，留下一張習近平露出微笑，被維吾爾小學的學生和老師團團包圍的紀念照。

然而，4 月 30 日，就在視察的最後一天，烏魯木齊南站發生爆炸事件，根據政府官方公告，造成至少 3 人死亡，79 人受傷。雖然事件仍有許多不明朗的內情，但普遍認為應是趁習近平視察進行的。習近平立即針對事件下達重要指示，堅決打擊「恐怖分子」。由於上個月昆明火車站才剛剛發生襲擊事件，中國大陸輿論對於打擊「恐怖分子」

的呼聲高漲。

　　另有輿論表示，習近平視察新疆時，儘管戒備森嚴但還是發生爆炸案，懷疑是當局的自導自演。由於事件的相關報導有限，包括 3 月分昆明火車站的襲擊事件也真相不明，出現各種猜測，但可以肯定的是，在這些事件之後，中國反對「恐怖分子」的輿論比以往任何時候都更加堅定。在中國社會脈絡下，隨著維護治安的呼聲越來越高，「反恐」政策的合法性和必要性不斷加強。

　　事實上，習近平在新疆視察期間，曾到南疆某派出所視察「反恐」訓練的情況時就指出，對於「恐怖分子」保持「嚴打高壓」態勢的必要性，習近平在現場下達戰鬥指示，先發制人，將其擊潰[158]。這不是私下的指令，而是當時的公開報導，此時已經開始使用「人民反恐戰爭」一詞。

　　習近平的「反恐」政策，一反以往懷柔的習仲勳之子的印象，骨子裡反而更具侵略性。在視察最後一天離奇發生的事件之後，這種「嚴打高壓」的態勢得到了國內輿論的認可。


# 2、反恐比重增加

## ◎第二次中央新疆工作座談會

　　在習近平訪問新疆不到一個月後，5 月 22 日，烏魯木

齊市內發生大規模爆炸，造成至少 31 人死亡，習近平很快在當天就下達指示，嚴懲「恐怖分子」，防止連鎖反應。隔日，公安部宣布接下來的一年開展「以新疆為主戰場啟動嚴打暴力恐怖活動專項行動[159]」。

第二次中央新疆工作座談會也接著在 5 月 28 日至 29 日召開，在輿論聚焦一系列「恐怖事件」的情況下，召開第二次座談會是為了宣示和確認習近平政府的方針，習近平在座談會上的重要講話也是著眼於輿論，表明當前的重點是嚴厲打擊「暴力恐怖活動[160]」。

在重要講話中，習近平多次使用嚴厲打擊「恐怖分子」的表述，比起反對、打擊「恐怖主義」等以往的用詞，語氣要強得多。另外，習近平還在重要講話中強調，要大力提高「群防群治預警能力」，換言之，就是要整體社會時常對「恐怖主義」保持高度警戒，防範「恐怖活動」。先前視察新疆時，習近平曾指示需做先發制人的準備，「預警能力」的用詞則是首次由最高領導人的口中說出。可見習近平此時的想法不是「恐怖攻擊」發生後再打擊，而是要防患於未然，將「恐怖攻擊」提前扼殺在萌芽狀態。

習近平在重要講話中還強調民族團結，指出「民族團結是各族人民的生命線」。具體政策方面，提出推進雙語教育，逐步鼓勵少數民族在內地接受教育、工作和生活，促進各民族之間的相互理解。這些基本上是一直以來實施的政策，看起來並無新意。

習近平的重要講話還有如下的內容，「要高舉各民族大團結的旗幟，在各民族中牢固樹立國家意識、公民意識、中華民族共同體意識，最大限度團結依靠各族群眾，使每個民族、每個公民都為實現中華民族偉大復興的中國夢貢獻力量，共享祖國繁榮發展的成果」。這段話意味著，新疆的所有人要有堅定的「中華民族共同體意識」，為「中國夢」貢獻力量。此次重要講話出現了前所未有的「中華民族共同體意識」和「中國夢」，要求新疆的穆斯林具有「中華民族共同體意識」，參與「中國夢」的實現。

除此之外，還宣布了經濟發展政策，具體包括胡錦濤在上一次重要講話中也提過的就業、扶貧措施、「對口支援」等，但習近平提到的經濟政策只是重要講話的一部分，側重點不同。胡錦濤之前的重要講話明顯是經濟為主，而後才提到「反恐」；習近平的重要講話則是「反恐」為主，經濟不過是整體的一部分。

當時公開的重要講話只有概要內容，後來一份流到中國國外名為「新疆文件」（The Xinjiang Papers）的資料則幾乎涵蓋了重要講話的完整內容。該資料指出，當時習近平表示，即使經濟發展，生活水準提高，「暴力恐怖活動」依舊不會消失，並表示經濟發展不一定帶來穩定[161]。如果真是這樣，習近平在這個階段已經拋棄一直以來由經濟發展帶來穩定的政策思路。胡錦濤時代經濟發展至上主義的新疆政策被重組為以「反恐」為主軸，透過各種教育、就業、

扶貧措施、「對口支援」等防範「恐怖主義」，習近平時代的新疆政策由此慢慢清晰化。

## ◎展開「反恐人民戰爭」

於是從 2014 年 5 月下旬起，在「反恐人民戰爭」的口號下，以新疆為主戰場嚴打暴力恐怖活動專項行動以猛烈的態勢展開，自治區公安廳宣布，在開展打擊行動不到一個月的時間裡，揭發了 32 個「恐怖集團」，380 多名犯罪嫌疑人被逮捕[162]；另外，在此期間有 6 名民警因公殉職，10 多人受傷。講述抓捕的激烈程度，就像戰爭一樣。

不難想像，此時遭打壓的社會籠罩在難以想像的恐懼之中。由於「恐怖分子」的定義含糊不清，任何人都可能被指控為「恐怖分子」或協助「恐怖主義」的嫌疑人。另一方面，社會上也有一些人被逼入絕境後成為「恐怖分子」，或者家人和朋友遭到壓迫而誓言報仇，最後訴諸暴力行動。從 2014 年下半年到隔年的 2015 年，擔心遭打壓的恐懼籠罩著社會，政府口中的「恐怖事件」頻傳。

這時期最大規模的事件當屬 7 月 28 日發生在莎車縣的襲擊事件。新華社稱，武裝集團襲擊了當地政府大樓、警察局等地點，造成 37 名平民死亡，在鎮壓過程中，射殺了 59 名嫌疑人。這起事件中，政府只說「東突厥斯坦伊斯蘭運動」牽涉其中，但沒有具體說明，真相至今不明。另一

方面，世界維吾爾代表大會宣布至少有 2 千名維吾爾人死亡，但死亡和逮捕的確切人數尚不清楚。

緊接著 7 月 30 日，喀什發生了一起中國伊斯蘭協會副會長居瑪‧塔伊爾遇刺事件，當局槍殺了兩名維吾爾嫌疑人，另有一名被捕。事件的起因是對居瑪‧塔伊爾迎合政府的態度強烈反對，但具體的犯罪動機、犯罪嫌疑人的性格等具體情況尚不得而知。此後，2014 年 9 月，巴音郭楞蒙古自治州發生連環爆炸案等大大小小的「恐怖事件」，震撼了整個新疆，尤其是南部地區。


## ◎戰果和犧牲

2015 年 5 月，開始加強打擊力度後滿 1 周年的此時，自治區官方新聞網站「天山網」報導稱，過去一年共剷除 181 個「恐怖組織」。政府為其卓越的戰果感到自豪，但即使設定了一年的期限並啟動「嚴屬打擊暴力恐怖活動的特別行動」之後，政府眼中的「恐怖事件」仍未消失。由於過度加強鎮壓，各地不斷發生叛亂和事件，陷入惡性循環。

2015 年 9 月發生在阿克蘇地區一個煤礦的襲擊事件是當年較大的事件。美國政府資助的媒體「自由亞洲電台」（RFA）報導稱，事件發生後當局炸毀嫌疑人藏身的洞穴，造成 4 名婦女和 3 名兒童死亡，這些婦女和兒童應是嫌疑人的家屬，但由於中國嚴格封鎖消息，外界對這些「敵方」

的傷亡情況所知甚少。當初襲擊事件發生的原因、「恐怖分子」帶著家人逃走的理由等關於事件的背景和情況，都沒有具體或客觀的報導，真相至今不明。

## ◎《反恐怖主義法》的制定

在加強打擊行動的同時，《反恐怖主義法》作為打擊的法律依據於 2015 年 12 月由全國人大常委會通過，並於 2016 年 1 月 1 日起實施[163]。該法第 1 條規定，為了防範和懲治恐怖活動，加強反恐怖主義工作，維護國家安全、公共安全和人民生命財產安全，根據憲法，制定本法。第 6 條規定，反恐怖主義工作應當依法進行，尊重和保障人權，維護公民和組織的合法權益。應當尊重公民的宗教信仰自由和民族風俗習慣，禁止任何基於地域、民族、宗教等理由的歧視性做法。在此原則下，具體規定，電信業務經營者、互聯網服務提供者應當為公安機關、國家安全機關依法進行防範、調查恐怖活動提供技術接口和解密等技術支持和協助（第 18 條）；包括允許警察使用武器對付犯罪分子等規定（第 62 條）。如此看來，措辭並不強硬。

但是，第 29 條和第 30 條規定的加強「恐怖分子」教育改造的指導方針，對於後續的發展具有重要意義。第 29 條規定，對被教唆、脅迫、引誘參與恐怖活動、極端主義活動，或者參與恐怖活動、極端主義活動情節輕微，尚不

構成犯罪的人員，公安機關應當組織有關部門、村民委員會、居民委員會、所在單位、就讀學校、家庭和監護人對其進行幫教。這裡所稱的「幫教」，是指支援未成年犯和刑滿出獄人員回歸社會、行為矯正，這條規定是為了防止未成年犯和前科犯等在無人看管的情況下可能成為進行「恐怖攻擊」的「恐怖分子」。

第 29 條還規定，監獄、看守所和社區（社會基層）的矯正機構應當加強對「恐怖活動罪犯、極端主義罪犯」的管理、教育和矯正工作。接著第 30 條規定，監獄、看守所對被判處有期徒刑以上的「恐怖活動罪犯」的社會危害性進行評估，評估為有危害性的，向罪犯服刑地的中級人民法院提出「安置教育」建議，該法院應當作出「安置教育」的決定。這裡的「安置教育」是指罪犯即使在釋放後，仍遭限制自由，接受教育的措施。該條規定，「安置教育」由省級人民政府組織實施，因此新疆維吾爾自治區人民政府將主導「安置教育」的實施。

## ◎制定《反恐怖主義法實施辦法》

繼《反恐怖主義法》頒布後，2016 年 7 月 29 日，自治區人民代表大會常委會通過了《新疆維吾爾自治區反恐怖主義法實施辦法》，自 8 月 1 日起施行[164]。這部實施辦法是《反恐怖主義法》的實施方針具體化，適用於新疆維吾

爾自治區開展的「反恐、反極端主義工作」（第 2 條）。

　　這裡值得注意的是《實施辦法》第七章「教育管理」。《反恐怖主義法》第 29 條規定，監獄、看守所、社區矯正機構對「恐怖活動罪犯、極端主義罪犯」實行教育改造和矯正。第 39 條規定：（一）被判處有期徒刑以上刑罰的、（二）被判處拘役的、（三）被判處管制、緩刑、裁定假釋或者暫予監外執行的，應由監獄、看守所、社區矯正機構等予以教育改造和矯正。

　　《反恐怖主義法》第 30 條還規定，由省級人民政府，即新疆維吾爾自治區人民政府主導「安置教育」的組織實施。關於「安置教育」，《實施辦法》第 41 條以下有具體規定，其中，第 43 條特別規定，教育改造、「安置教育」、法治教育、社區矯正機構等部門負責法律倫理、思想道德、心理健康、現代文化、科學知識教育、宗教正信引導、職業技能訓練等教育活動。在此，「職業技能培訓」一詞被指定為教育活動的具體內容。從「反恐」的觀點出發而同時進行的教育和職業技能培訓已經具備法律依據。

## ◎張春賢的離任

　　8 月 29 日，《反恐怖主義法實施辦法》上路不到一個月，新疆維吾爾自治區黨委書記張春賢離任，接替張春賢擔任書記的是大家耳熟能詳的陳全國。陳全國因在新疆各

地建立惡名昭彰的「職業技能教育培訓中心」而聞名。時間順序上，陳全國到新疆上任之前，《實施辦法》已經開始實施，打著職業技能培訓之名對「恐怖分子」教育改造的基礎在陳全國上任前就已經準備好。

在張春賢擔任新疆書記的 6 年又 4 個月期間，從強調經濟發展的胡錦濤時代，到習近平第一任的「反恐」至上，經歷了一個重大政策變革時期。2009 年「烏魯木齊騷亂」後，胡錦濤政府希望張春賢能透過經濟政策改善民族關係，實現社會穩定，但他在任期的後半段，成為習近平政府推進「反恐人民戰爭」的當地負責人。

8 月 29 日，張春賢在書記換屆召開的自治區幹部大會上，回顧自己的任期時表示，「忘不了捨生忘死戰鬥在反恐維穩一線甚至獻出寶貴生命的戰鬥英雄們[165]」。另一方面，根據當時的報導，張春賢在講話內容中並沒有提到經濟發展，經濟的比重明顯下降。可以看出在張春賢任內，「反恐」是如何在新疆政策中提升至特殊地位。

# 第六章

## 大規模拘禁的衝擊
（2016-2021 年）

# 1、「結對認親制度」和職業訓練

## ◎陳全國上任及強化監視

陳全國在上任新疆維吾爾自治區黨委書記前是西藏自治區書記，他在西藏自治區增設派出所和監視器，以及安排自稱藏人「親戚」的幹部和黨員進駐農村、寺院，進行嚴密監控的「結對認親制度」。換句話說，就是結合科技和人海戰術，嚴密監控人們的行為。因此，當時引起世界關注的藏人自焚抗議行動受到壓制，或許是因為他的功績得到最高領導層的青睞，將陳全國從西藏調到新疆擔任書記，進行一次特殊的橫向人事調動，讓陳全國帶著在西藏的成功經驗來到新疆。

在陳全國赴任新疆之前，陳全國在西藏展開的新型監控系統已經透過幹部的經驗交流逐步引入新疆，一上任後，

監控系統建設隨即迅速展開。首先，市內到處都是派出所和檢查站，檢查站之間的間隔明顯縮短，即使在高速公路上，每行駛一小段路程就出現一個檢查站，需下車並掃描身分證，接受 X 光檢查，這些都已成為日常生活。臉部識別系統詳細掌握個人行為，監視器現在不僅安裝在路邊和公共設施，還安裝在家裡，此外還強制要求智慧手機安裝間諜應用程序，以便掌握詳細的通聯記錄，而比這更極端的「結對認親制度」將在下文中描述。

## ◎「結對認親制度」

「結對認親制度」原是中華人民共和國政府的對口幫扶政策，後成為少數民族政策的推廣項目，主要是將漢人公務員與穆斯林家庭組成配對，以親人關係作為名目，讓少數民族家庭將漢人公務員視為「親戚」的支援方式。日本 NHK 在 2021 年 12 月 19 日播出的專題節目「『多民族國家』的衝突」（《中國新世紀》第 5 集）中就曾針對此制度的形式做過介紹。這套制度正是陳全國將他擔任西藏自治區書記時，應用在藏人身上帶到新疆的措施。

新疆自張春賢時代以來，就有了「訪民情、惠民生、聚民心」（簡稱「訪惠聚」）的措施。2016 年 10 月，「民族團結一家親」的活動動員大會上，「結對認親制度」開始大規模發展，陳全國本人成為居住在于田縣的托乎提汗

家族的「親戚」;隔年 11 月,他親自拜訪了托乎提汗家族,與家人一同用餐,並進行了一場親切交談的表演[166]。

「結對認親制度」的目的是透過「親戚」在當地居民中傳播民族團結的理念,支持貧困家庭的就業,不過實際上,「親戚」旁若無人、毫不客氣的行為,反而造成了民族仇恨,形成惡性循環。當地穆斯林不能拒吃「親戚」做的豬肉,拒絕「親戚」的勸酒,有人被迫與「親戚」同房後自殺,也有老人為了保護孫女而殺死他的「親戚」等,悲劇不勝枚舉。

一旦反對或抵制「親戚」就會被舉報為「恐怖分子」,出於這個原因,流亡者的證詞後來表明,他們非常恐懼「親戚」的來訪或是被命令出現在「親戚家」。當局沒有顧慮到當地穆斯林的心情和隱私,反而大力進行政策宣傳。2018 年,《人民日報》報導稱,截至同年 9 月,超過 110 萬名公務員成為全新疆約 169 萬戶家庭的「親戚[167]」。

## ◎一體化平台

之所以如此大規模地推行「結對認親制度」,是為了讓「親戚」上報每個家庭的重要訊息。「親戚」們蒐集的訊息,連同臉部識別系統和間諜軟體應用程序等其他訊息,被匯集到一個名為「一體化聯合作戰平台」(IJOP)的系統中,被用於判定個人的信用度,毫無隱私可言。但在中

國普遍認為，建立一個完善的監控網就可以確保治安，人們可以享受安全，因此，漢人為主的中國輿論認為，建設這樣的平台並沒有太大的問題。

然而，這是受益者漢人的看法，對當地的穆斯林來說卻相當駭人聽聞，他們可能會因此突然成為潛在的罪犯。與中國其他地區的資訊平台很大不同的是它的使用方式，與海外進行生意往來的新疆穆斯林商人，以及暫時回國的留學生都會僅僅因為曾到海外的理由就被勒令出面接受調查。

對於遭到監控的當地穆斯林來說，即使他們認為自己不會成為「恐怖分子」，但也不知道根據平台上蒐集到的訊息會如何判斷。這種情況經常被比作圓形監獄，政府（看守人）可以看到整體，但民眾（囚犯）看不到看守人，於是新疆社會成為人類前所未有的監控社會和反烏托邦。

## ◎清查「兩面人」

在加強監視和蒐集個人訊息的同時，陳全國開始抓捕「兩面人」或「兩面派」。「兩面人」一般用來指對黨沒有絕對忠誠度的共產黨幹部，在黨的背後貪汙、自肥的腐敗幹部。包括新疆在內，全國各地開始進行反腐運動，嚴懲貪官，但其實抓捕「兩面人」的目的除了揭發貪腐幹部，還有將那些對習近平忠誠度有問題的幹部拉下台，改用忠

誠的人。由於忠誠的定義模糊，使得任何對政權不利的人都可能成為「兩面人」。

「兩面人」在新疆不僅包括腐敗幹部，還包括疑似接近「分裂分子」的黨內幹部。2017 年 2 月在烏魯木齊召開的自治區紀律檢查委員會全體會議上，陳全國指出除了調查違反政治紀律的案件，還要「堅決有力地懲治腐敗，嚴厲查處反分裂鬥爭中」的「兩面人[168]」，於是「兩面人」就囊括了大量當地的穆斯林，在中共政府體制內負責教育、文化、出版工作的地方民族幹部、知名文化人士和知識分子都受到了嚴厲審查，並以含糊不清的罪名從重處罰。

不幸被點名的當地穆斯林中包括曾擔任過新疆大學的校長、體制內的頂尖知識分子塔西甫拉提·特依拜。塔西甫拉提是具有國際知名度的維吾爾學者，曾赴日留學並取得東京理科大學博士學位。2017 年 5 月，他在前往德國參加國際會議前，在不知罪名的情況下，在北京機場突然遭逮捕後下落不明。日後有報導稱，塔西甫拉提因分裂國家罪被判處死刑緩期執行，但隨著國際批評聲浪日益升高，中國外交部又於 2019 年 12 月宣稱，他因貪汙罪正在接受審訊[169]，但之後又音訊全無。

## ◎被消滅的教育官僚、知識分子

在剷除「兩面人」的運動中，被捕和落馬的人不計其

數。2017 年 5 月，前自治區教育廳廳長沙塔爾・沙吾提因涉嫌收賄被捕，受到連坐處分還有自治區教育廳前副廳長阿力木江・買買提明、新疆教育出版社前社長阿不都熱扎克・沙依木，這三人遭指控因濫用教科書發行負責人的職權，在新疆中小學使用的教科書中植入「雙泛」（見第四章）、「民族分裂主義」等思想，被認為是「兩面人」而定罪。

在陳全國帶領大力推進中國人或中華民族的統一認同過程中，即使是教育政策也不再像過去那樣尊重維吾爾文化，像是增進維吾爾兒童對本民族感到自豪的教科書就成為眼中釘，導致原先在共產黨體制框架內獲准出版的教科書便被迫暫停使用。

在剷除「兩面人」的運動如火如荼之際，各機關紛紛舉行「發聲亮劍宣誓大會」，與「兩面人」畫清界限，宣誓對黨的絕對忠誠。即便是漢人幹部，如果不願揭露「兩面人」也會受到嚴懲。透過嚴懲「兩面人」和包庇他們的人來殺雞儆猴，陳全國要求的是倖免者的絕對服從。經過反右鬥爭等運動反覆清洗後的共產黨幹部機制又再度上演這樣殘酷的情節。

過去受體制允許的知識分子也陷入危險之中，文學家兼作家的阿卜杜卡迪・賈拉利丁就是其中之一。曾在日本留學的他向國內介紹日本社會和文化，寫過幾本開拓外國視野的暢銷書而聞名，也是將喬治・歐威爾的《動物農莊》

和柏拉圖的《理想國》從漢語翻譯成維吾爾語的譯者，所有的翻譯作品都順利在中國出版，但也許正是因為他的寫作提高了維吾爾人的政治意識而在某日突然被帶走，下落不明。

另外，新疆大學教授熱依拉‧達吾提也是突然失蹤的人之一，她是世界著名的維吾爾宗教文化研究者，尤其研究伊斯蘭聖徒陵墓（麻札），受日本及歐美研究機構延攬，具有國際影響力。她與其他人合寫的英文著作《Mazar: Studies on Islamic Sacred Sites in Central Eurasia》（暫譯：《麻札：中央歐亞的伊斯蘭聖地研究》）由東京外國語大學出版社出版[170]，研究主題涉及敏感的宗教問題，另外她超越漢人研究人員的能力和國際知名度可能也是入獄的理由。

## ◎制定《新疆維吾爾自治區去極端化條例》

揭發「兩面人」的運動中，將政府不信任的人驅逐出社會的對象不僅限於幹部和知識分子，2017年上半年還在社會各階層掀起了一股浪潮，將疑似不對共產黨效忠的普通民眾關押在所謂「職業技能教育培訓中心」的教育矯正設施內，開展教育矯正工作。

法律依據為陳全國主導制定的《新疆維吾爾自治區去極端化條例》，該條例於 2017 年 3 月 29 日經自治區人民代表大會常務委員會通過，自 4 月 1 日起施行，開展去極

端化教育矯正工作，強調必須個別教育與集中教育相結合，提高教育轉正效果（第 14 條）。

值得一提的是，2016 年 8 月開始實施的《反恐怖主義法實施辦法》已經提到了教育改革，被判處有期徒刑、拘役、被被判處管制、緩刑、裁定假釋或者暫予監外執行者為教育對象，但在新制定的《新疆維吾爾自治區去極端化條例》中沒有具體限定教育矯正工作的對象。

《新疆維吾爾自治區去極端化條例》第 10 條指出，「去極端化應當準確把握民族習俗、正常宗教活動、非法宗教活動與極端化行為的界限，區分性質，分類施策，堅持團結教育大多數，孤立打擊極少數」，但沒有明確的違法的宗教活動極端化行為的定義，以及規定教育矯正工作的對象基準。另一方面，《反恐怖主義法實施辦法》僅將「恐怖分子」列為教育矯正工作的對象，但在新制定的《新疆維吾爾自治區去極端化條例》中「堅持團結教育大多數」的這句話，針對的則是「恐怖分子」的後備力量、潛在的犯罪分子，其範圍可以擴大到多數一般民眾。

## ◎參加訓練的一般民眾

《新疆維吾爾自治區去極端化條例》頒布時，在時任自治區政法委書記朱海侖的指令下，對一般民眾進行篩查。朱海侖原為葉城縣人民公社的祕書，2006 年至 2009 年擔任

自治區政法委書記，「烏魯木齊騷亂」後任烏魯木齊市委書記，是一位對新疆情況瞭若指掌的漢人官僚。或許是因為這些經歷，2016 年 11 月，朱海侖再次被任命為自治區政法委書記，負責篩選民眾的工作。

國際調查記者同盟（International Consortium of Investigative Journalists，ICIJ）在 2019 年取得一份外流的中國電文（China Cable）文件，包含標註日期為 2017 年 6 月 25 日的朱海侖手寫筆記報告，報告中顯示，2017 年 6 月 19 日至 25 日，新疆南部有 24,612 人的資料從「一體化聯合作戰平台」發送至各縣市，其中有 15,683 人被分類至「教育培訓[171]」。

關於這些大量普通民眾的篩選標準，可以從一份從新疆南部墨玉縣流出的「教育培訓」參加者名單，也就是所謂的「墨玉名單」看出端倪。名單顯示，參加培訓的最常見原因是超生孩子，在有明確記載原因的 311 名女性中，近半數有超生等紀錄[172]。非法超生被視為不願服從共產黨政策的表現，以及對宗教和傳統價值觀的重視超過共產黨的政策。

「墨玉名單」中寫的參加培訓的次要常見原因是「不放心人員」，認定這些人和「兩面人」一樣，可能是潛伏在社會上的「分裂分子」，或者對共產黨的忠誠度可疑。

許多其他與宗教信仰有關的原因，例如留鬍子、提供禮拜場所或下載宗教相關影片。此外，曾與外國聯繫而成

為問題原因的人也不少，例如曾出國旅行，尤其是去中東旅行或申請護照的人，原因都很微不足道，但如果這樣就被列入參加培訓、也就是遭到拘禁的理由，那麼被拘禁的人數應該相當龐大。

目前尚不清楚有多少人因此被強制關押在「職業技能教育培訓中心」，收容的人數最初據說有幾十萬，但據美國共產主義受難者紀念基金會的研究員鄭國恩（Adrian Zenz）表示，人數高達 180 萬[173]。數量上的巨大差異是由於「職業教育培訓中心」與其他職業培訓學校之間，以及收容者者與學生之間的界限模糊。

2020 年 9 月，國務院發布的《新疆的勞動就業保障》白皮書中記載，2014 年至 2019 年新疆的年均受訓勞動者為 128.8 萬人[174]，但這 128.8 萬人中包括在各類職業學校就讀的「培訓工人」，並不都是「職業技能教育培訓中心」的收容者[175]，中國的「職業技能教育培訓中心」的學員原來都是自願前來接受培訓的學員，因此外界無法分辨誰是被強制，誰是自願接受培訓的學生。

## ◎職業培訓的各種面向

「職業技能教育培訓中心」是同時具有「去極端化」教育改造機構和職業培訓特點的綜合體。

首先，關於教改機構的「去極端化」方面，BBC 記者

於2019年6月對該機構內部進行報導的內容可以作為參考。當時一名收容者告訴記者，他來監獄是因為他充滿了極端思想，想去除這些思想。報導還出現了收容者學習中文的片段，例如「我愛中國共產黨」、「我愛中華人民共和國」和「我愛北京天安門」之類的內容[176]。

這些內容當然是得到機構的允許，中方也同意，才能向外國記者公開，收容者的談話似乎也是事先準備好的，但從安排的內容可以看出，為了去除「極端思想」，重生為「真正的」中國人，需進行中文（漢語）教育，加強中國人意識。

另一方面，由前收容者和職員的證詞可以看出，這不僅僅是教育或提高意識，而是強制進行的思想改造。尤其是伊犁哈薩克自治州蒙古族昭蘇縣某機構的漢語教師沙依拉古麗・沙吾提巴依，教師身分的她所提供的資訊相當具體。以下可以從《首席證人：逃離中國的現代集中營》（The Chief Witness: Escape From China's Modern-Day Concentration Camps）一書中沙吾提巴依的證詞窺探她所經歷過的一天。

書中指出，從早上7點到9點，將有兩個小時關於十九大決議和中國習慣的課程，接下來到上午11點前的兩個小時內，檢查學生是否掌握了所學內容，並打成績，成績不斷下滑的人將遭淘汰。之後的一個小時，大家一起高喊「我以身為中國人感到驕傲！」、「我愛習近平！」，午飯後的下午2點到4點，唱國歌並學習歌頌黨的歌。下

午 4 點到 6 點，承認過去的錯誤並進行自我批評。晚上 8 點到 10 點晚飯後，被關進牢房進行自我批評。晚上 10 點到 12 點，寫認罪書，不遵守這些規定的收容者會受到懲罰和酷刑[177]。

## ◎職業培訓和脫貧

「職業技能教育培訓中心」的另一個特點，恰如其名，正是勞動者的職業培訓機構。職業培訓不僅僅是一個名稱，「十三五」規畫（2016 年起的五年）也強調提供培訓和促進剩餘勞動力就業，在前述的《新疆的勞動就業保障》白皮書中也有所體現。前述的中文教育和中國人意識的強化，也可以說是為了讓這些工人能與中國各地工廠的其他中國人一起工作而推行。

培訓工人這方面的功能符合習近平政府要求到 2020 年實現「脫貧」的目標，南疆被視為嚴重貧困地區，該區域的地方政府想方設法提高轄區內人口的平均收入，因此各地出現對收容者進行職業培訓，再讓他們到全國各地工廠勞動的趨勢。我們在〈第四章〉討論了從 2000 年代開始就已經有職業培訓和勞動力向內地移轉的情形，「職業技能培訓中心」可以看做是較大規模的組織化實體。從這個意義上說，這個機構起到了培訓工人並將他們派往全國各地的作用，也可說是製造工人的工廠。

至於那些訓練不成「真正的」中國人、訓練不成工人的人下場如何？前收容者的證詞都有提到酷刑和虐待的存在，以及收容者陸續失蹤的情形，但在教育培訓過程中被淘汰的收容者後來的下場就不得而知。

# 2、成為美中對立的焦點

## ◎拘禁的衝擊

　　如此大規模的拘禁勢必會在其他國家引起軒然大波。2017 年下半年以來，隨著拘禁人數持續增加，與新疆的親友、商業客戶失去聯繫的消息開始在各地傳出。新疆的留學生和商人暫時回國後失蹤的事件接連不斷，關心他們的聲音也逐漸增多，越來越多消息指稱，這些與他們失去聯繫的人都被關在某種拘留所裡。直到 2018 年上半年左右，這些仍處於臆測階段，外界對具體情況所知甚少，前述在「職業技能教育培訓中心」擔任漢語教師的沙依拉古麗・沙吾提巴依就是其中成功逃離新疆的人。

　　2018 年 4 月，沙吾提巴依死命地越過中哈邊境逃難，因涉嫌非法入境在哈薩克被拘留。在審判過程中，沙吾提巴依開始陳述她為何被迫非法入境，並向世人告發新疆穆斯林居民被迫交出護照、無法自由出入境，以及被形容為集中營的「職業技能教育培訓中心」的離奇情節。消息迅

速傳遍了全世界，對沙吾提巴依的同情也隨之蔓延開來。結果沙吾提巴依在審判中獲得無罪釋放，免於被遣返中國，但她在哈薩克的庇護申請被拒絕，隔年移居瑞典。

2018 年，除了沙吾提巴依，也陸續出現迫不得已非法入境哈薩克的人。隨著各種證詞的出現，海外維吾爾人和哈薩克人社群，以及整個西方社會開始對此事表示關切。2018 年 9 月，國際組織「人權觀察」發表題為《「去除思想上的病毒」：中國對新疆穆斯林的鎮壓行動》（Eradicating Ideological Viruses': China's Campaign of Repression Against Xinjiang's Muslims）的報告，揭露發生在新疆的非法大規模關押[178]。

## ◎化為「負面展示」

現代世界找不到足以類比的大規模拘禁，讓西方輿論不由得聯想到納粹德國和蘇聯的集中營。基本人權在西方社會早已被視為理所當然，因此對拘禁和強制職業培訓出現強烈反感。中方察覺到這股氛圍後採取對策，邀請西方記者參觀「職業技能教育培訓中心」，試圖告訴世人該設施沒有任何問題、該設施只是一個職業培訓中心。然而 2019 年 6 月，當 BBC 對該機構內部進行報導後，無論中方的意圖為何，結果給觀眾留下了一種詭異的監獄印象[179]。

新疆就這樣無意間成了向世界展示中共統治的詭譎、

恐怖、殘暴的舞台。新疆等靠近邊境的地區，原本應該是中國對外展示內政成功的窗口，實際上卻造成了反效果，這種所謂的「負面展示效應」極大損害了中國在香港、臺灣和西方社會的形象。

比如當時普遍反對修改《逃犯條例》的香港社會開始關注新疆的拘禁問題，並出現「今日新疆，明日香港」的論述。結果與中方當初的意圖相反，只要被中共統治後，等著的就是強制拘禁和再教育的看法，從新疆傳到香港、臺灣，再傳到世界各地。

## ◎美中互批大戰開始

新疆成為中國的「負面展示」後，意味著新疆問題將與香港問題一併成為美中對抗的焦點之一。2019 年 7 月，在聯合國人權理事會上，西方國家、日本等 22 個國家發表公開聲明，譴責中國的新疆政策；另一方面，發展中國家為主的 37 個國家也發表了替中國辯護的聲明，數量超過譴責方，最終有 50 個國家表示贊同。就這樣，聯合國人權理事會開啟了一次又一次重複上演的互批大戰。

與此同時，西方媒體陸續拿到外流的內部文件，引發輿論關注。2019 年 11 月中旬，《紐約時報》報導了一份內部文件，是針對休假返鄉的學生可能提出的問題的答覆模版。當學生得知他們的家人被送往培訓中心時，他們可能

會問「家人去哪裡了？」、「既然是職業培訓，為何不能回家？」、「究竟犯了什麼罪？」等等，針對每個問題都有標準答案[180]。

此後不久，國際調查記者同盟報導了一份名為「中國電文」的資料。除了一份顯示從「一體化聯合作戰平台」挑選並分類至「教育培訓」的報告外，還包括自治區政法委製作的「職業技能教育培訓中心」運營手冊[181]。這些外流的文件被視為中國在全國打壓新疆穆斯林居民、侵犯人權的證據，並引來批評中國的浪潮。

僅僅一周後，即 2019 年 12 月 3 日，美國眾議院以 407 票對 1 票通過了要求川普政府對中國官員實施制裁的《2019 年維吾爾人權法案》，該法案由參議員馬可·魯比歐（Marco Rubio）於 1 月提出，9 月在參議院通過，此後又修改成更為強硬內容。法案獲得壓倒性多數通過，說明在新疆問題上得到跨黨派的共識。

中方對此做出強烈回擊，在第二天舉行的例行記者會上，中國外交部發言人華春瑩言詞粗暴地舉出美國也有屠殺原住民的歷史，作為正面駁斥。原住民問題也是中國長久以來直覺式的反美論述，但這種回應只會加深美國的敵意。

中方隨後在同月 9 日舉行記者會，這回則由新疆維吾爾自治區人民政府主席雪克來提·扎克爾和副主席艾爾肯·吐尼亞孜分別上台發言。扎克爾首先辯稱，美國的《2019

年維吾爾人權法案》違反國際法，干涉內政，此外在回答美國記者提問時稱，職業培訓學員人數超過百萬是毫無根據的謊言，參加「三學一去」的學生已全數結業，在政府的幫助下穩定就業，過上了幸福生活。這裡的「三學一去」是指學習漢語漢字、法律知識、職業技能和去極端化，簡單來說，他宣稱所有接受過去極端化教育改造和職業培訓的學員都已結業離開[182]。雖不能從表面上看這些說法，但可以看出中方試圖讓新疆地方民族最高幹部扎克爾說出這番話，以期早日結束這個問題。

## ◎強制勞動問題的攻防戰

隨著新疆問題成為美中爭論的焦點，「職業技能教育培訓中心」作為工人培訓機構的功能再次受到關注。早在2018年，衛星拍到「職業技能教育培訓中心」出現類似工廠的建築，有人懷疑這是否就是以職業培訓為藉口而強制勞動的證據，但無法證實。

在這種情況下，隨著逃亡者的證詞和「新疆文件」、「中國電文」、「墨玉名單」等外流文件的陸續報導，加深了「職業技能教育培訓中心」的學員並非自願參與培訓的看法。有一方認為，如果是非自願的，那麼完成職業培訓後成為勞動力本身就是一種脅迫的產物。

澳洲戰略政策研究所（Australian Strategic Policy

Institute，ASPI）在 2020 年 3 月發表的一份報告《出售維吾爾人：新疆之外的「再教育」、強迫勞動和監視》（Uyghurs for Sale: "Re-education", forced labor and surveillance beyond Xinjiang）提供了這樣一個觀點。報告指出，自 2017 年以來，中國內地有 27 家工廠使用了維吾爾人的勞動力，這些工廠是 82 個全球品牌供應鏈的一部分[183]。工人被迫接受職業培訓且被迫勞動的指控，立即在全球商界引起軒然大波。

中方則以工人自願接受職業培訓、移轉到各地為由，展開正面反駁。過程中，中國國務院於 2020 年 9 月發布了前述的《新疆的勞動就業保障》白皮書。白皮書辯稱，中國在尊重勞動者自由意志的同時促進就業，大大減少了新疆的貧困人口，但被國外的反華勢力顛倒事實，炒作所謂「強制勞動」問題。中國還報導了工廠雇用維吾爾工人的情況，強調強迫勞動的指控是一種惡意誹謗。

## ◎點燃新疆棉爭論與中國的反駁

西方社會對中國的論述非但不接受，還出現了新的指控，指控強迫勞動採收新疆棉花。美國智庫全球政策中心（Center for Global Policy，CGP）於 2020 年 12 月發表由鄭國恩撰寫的《新疆的強制勞動：移轉勞動力和動員少數民族採摘棉花》（Coercive Labor in Xinjiang: Labor Transfer and the Mobilization of Ethnic Minorities to Pick Cotton）報告之

後，開啟了這項爭論。報告指出，新疆至少有 57 萬穆斯林居民遭強制動員採摘棉花[184]。

但這種論點與中國的「脫貧」邏輯直接衝突，遭到中方強烈反駁。貧困縣的地方政府確實因急於達成2020年「脫貧」指標，強行推動採棉動員，但在中方看來，讓窮人從事採棉只是為了讓他們脫貧，此外，為促進採棉工作的動員，還推出托兒所、養老院、牲畜飼養等保障措施，應該對這些「脫貧」的豐厚支援表達感謝，而強迫勞動的指控則大錯特錯。中方以「脫貧」為由主張政策合法性，與職業培訓一樣，一些日本研究者也表示，這是作為「脫貧」的一部分動員，沒有強迫勞動的證據。

然而，當筆者聽到這樣的論調時，想起了海外維吾爾人經常談論的維吾爾人的尊嚴。本來，「貧困人口」的定義是上面給的，是在人們不知情的情況下決定的，動員也是基於此，他們是否就算貧窮也可以拒絕動員，或政府是否讓他們有選擇的餘地？沒有這些，就難免被各方視為強制動員。

也有一種看法認為，政府對兒童、老人和牲畜提供的支援似乎成了不得不去摘棉花的理由，又或是被動員的人因為害怕要是拒絕，就會被關進「職業技能教育培訓中心」。如果是這樣，就不能單方面說沒有強迫勞動的證據就可以解決這個問題，而是除了政府的宣傳之外，還有沒有證據來證明不是強迫勞動？

關於強迫勞動的爭論形成兩種不同論點互相衝突的平行線。2021 年 3 月，H&M 在宣布停止從新疆採購棉花後在中國遭到抵制。在中國開展業務的服裝企業面臨著一個艱難的抉擇，是停止採購新疆棉花並在中國遭到抗議，還是繼續採購新疆棉花而在西方受到批評。恰恰是西方倫理與中國邏輯兩者價值觀差異所造成的兩難選擇。

## ◎強制節育的攻防

　　至此我們已經看到新疆當地穆斯林的大規模關押引發世界對中國新疆政策的批評，接著到了 2020 年又出現職業培訓與強迫勞動的爭議，這一年除了強制勞動外，還出現了另一個重大爭論，是對強制節育的批評，同樣由鄭國恩主導。

　　鄭國恩於 2020 年 6 月發表的報告《不孕、子宮內避孕器和強制節育：中共在新疆壓制維吾爾人生育率的行動》（Sterilizations, IUDs, and Mandatory Birth Control: The CCP's Campaign to Suppress Uyghur Birthrates in Xinjiang）指出，根據中國的統計數據，2018 年新疆的絕育手術數量暴增，同年新疆安裝的子宮內避孕器數量占全國的 80%[185]。近年來，中國各地都放寬了生育限制，絕育手術和安裝避孕器的數量一直在下降，但新疆南部卻異常增加。鄭國恩因此認為，基於《防止及懲治危害種族罪公約》（《滅絕種族罪公約》）

第 2 條（d）項規定「強制施行辦法意圖防止該團體內之生育」，新疆的強制生育限制相當於「種族滅絕」。

　　這份報告一出，在美國社會引起極大震撼，連國務卿龐培歐（Mike Pompeo）都表示「令人震驚」，在一個墮胎議題經常成為政治攻防的國家，許多人對這個問題相當敏感，更不用說反對絕育手術的保守派，當絕育變成強制性時，甚至在所謂的左派當中也出現批判的聲浪。

　　另一方面，中方反駁這些說法是無稽之談。中方的說法是，漢人原則上只允許生育一個孩子，而新疆的少數民族則特別允許生育兩、三個孩子，多生孩子是違法的，因此政府決定嚴格執法，消除高生育率的貧困戶成為「恐怖主義」的溫床，這樣「恐怖主義」和貧困就會消失，婦女將從生產和育兒得到解放。關於這點中方也是以「反恐」、「脫貧」等政策邏輯自圓其說。

　　從西方的價值觀來看，中國的主張沒有說服力，西方社會不能理解為什麼政府要干預人類生殖，為什麼中國政府有權限制神賜予孩子的數量，這正是新疆當地穆斯林在還允許抗議的 80 年代和 90 年代所做的批判（見第三章），雖然穆斯林是受到伊斯蘭價值觀的影響，但在歐美現在已成為一種結合了基督教價值觀和自由自決權理念的主要論調。

　　當然也有人反對這種對中國的批評論點，有一方指出，接受絕育手術，可以獲得例如養老金和孩子上大學等福利

的經濟誘因。當然，就中國社會的一般共識而言，可以從這樣的經濟誘因解釋絕育手術的增減原因，但對於已經超生孩子的家庭，目前尚不清楚絕育是否也同樣能享受這樣的福利。

更值得注意的是，在上述「墨玉名單」中，近一半的拘留原因是超生，巧合的是，2017 年至 2018 年期間，墨玉地區陸續關押大量人員之際，正是絕育手術暴增的時期。絕育手術的暴增，可能是為了減少家人被監禁的罪行，或者至少免於日後的監禁，而願意遵守法律。如此一來，絕育手術的激增就與對拘禁的恐懼密切相關。

## ◎種族滅絕的批判和中國的反擊

強制節育的指控成為最後一根稻草，讓西方輿論跨黨派一致將中國對新疆的統治視為「種族滅絕」。西方社會普遍認為，中國這個國家不僅在新疆關押穆斯林並強迫他們勞動，而且還強制節育。2021 年 1 月 19 日，美國國務卿龐培歐發表聲明稱，中國在鎮壓新疆維吾爾人和其他穆斯林的過程中犯下「種族滅絕」。隨後上台的拜登政府也繼承了這一觀點。加拿大下議院和英國下議院則分別在 2 月和 4 月決定承認中國的鎮壓是「種族滅絕」。

西方國家對中國的批評以及中國的反駁最後發展成為多國在聯合國的交鋒，正如前面已經提到的，2019 年 7 月，

在聯合國人權理事會上，批判中國和擁護中國的國家產生了分歧，而後在 2020 年 10 月、2021 年 6 月與 10 月，也都發生了類似的交鋒。

　　然而在每次的交鋒當中，西方國家為主的譴責方寡不敵眾，對中國的擁護方主要是亞洲和非洲的發展中國家。2021 年 6 月，以西方國家為主的 44 個國家發表聯合聲明，對新疆、香港、西藏的人權狀況表示關切的同時，69 個國家簽署支持中國的聲明[186]。2021 年 10 月，在聯合國大會第三委員會（人權）會議上，法國代表 43 個國家對新疆人權狀況表示關切，62 個國家在聯合聲明中支持中國，兩次中方都占據了多數，中方的勢力不言而喻。

　　起初中方只是表示堅決反對藉由人權問題干涉中國內政，但隨著歐美各國對人權問題窮追猛打而轉守為攻。以下是中國外交部發言人趙立堅在 2021 年 6 月 23 日舉行的例行記者會上的發言。


　　「加拿大、美國、英國等一些西方國家自封『人權判官』，熱衷扮演『人權教師爺』，卻對自身存在的嚴重人權問題視而不見，避重就輕。個別國家的人權紀錄觸目驚心，原住民兒童慘遭迫害，警察暴力屢見不鮮，種族主義痼疾難除，槍枝泛濫，反猶太、反穆斯林、反非洲裔、反亞洲裔言行頻頻發生，軍事干涉導致嚴重人道災難，單邊強制措施侵犯他國基本人權。面對上述斑斑劣跡和累累罪

行，他們有什麼資格對其他國家的人權狀況說三道四、指手畫腳？我們奉勸這些國家好好照照鏡子，深刻反省，採取切實措施解決本國嚴重的人權問題[187]。」

從趙立堅的這番話可以看出中國對干涉內政的厭惡，以及對歐美雙重標準的不滿，這些觀點確實讓發展中國家和非民主制度國家的產生同情。中國在聯合國外交中的盟友數量穩步增加是多數國家支持中國的另一個因素，同時發展中國家對中國「一帶一路」的相關投資、抗擊新冠肺炎疫情援助等也有所期待。

## ◎中國在宣傳上反轉劣勢

從趙立堅的態度可以看出，中國在新疆問題上頑固地拒絕接受西方的批評並進行反擊，不單單是一種表演；同時中國也加強宣傳，一心只想證明新疆沒有西方所聲稱的問題。中國確信自己正在執行對的政策，錯誤的是西方，試圖否定在中國看來「毫無根據」的批評。

首先，針對拘禁的批評，各種媒體報導稱，新疆穆斯林在接受職業培訓後擺脫了極端主義和貧困，安居樂業。為了回應對強迫勞動的批評，出現了機械化進步、人類不再需要手工採摘棉花的棉花田場景等影像。另外，讓自稱生活幸福的女性，尤其是正在撫養孩子的母親來反駁強制

絕育的指控。

2021年6月，新疆維吾爾自治區人大常委會主任肖開提‧依明出席中國使館在日本舉辦的「美麗新疆」線上交流會，批評「種族滅絕」是「人類歷史上最大的誣陷案」。隨後一些被選中的新疆人陸續登場，表示教培中心不是集中營，只是一所學校，棉花收割是機器完成的，收入高，強制絕育完全是無稽之談，起到了佐證中方主張的作用[188]。

關於新疆的多數影片都會強調幸福生活這點，2021年12月19日播出的NHK專題節目「『多民族國家』的衝突」（《中國新世紀》第5集）中進行了語言分析[189]，顯示「幸福」、「自由」、「穩定」和「富裕」等成為特定的關鍵詞，類似的話從很多當地穆斯林的口中都能聽到，還發現了200多個可疑帳號同時發布了完全相同的貼文。依照中國政府的主旋律形塑的各種證詞，藉由新疆民眾的口中在國內外不斷流傳。

◎陳全國的離任

2021年，中國的新疆政策告一段落。中國暫時克服了來自歐美的批評，如果能再說些什麼反擊，這次可能指出歧視黑人的問題，也可能把原住民的事例拿回來講，就連國內已經連續幾年沒有「恐怖事件」一事也被讚為是新疆

政策成功的最有力事證。主導新疆政策的陳全國和朱海侖等人雖然受到美國和歐盟的制裁，但在國內卻如獲榮譽勳章，讚譽有加。

2021 年 12 月，陳全國終於辭去新疆維吾爾自治區黨委書記一職，陳全國在國外被視為執行鎮壓政策的首謀，但在中國他卻是剷除「恐怖主義」的大功臣。截至 2022 年 3 月，還沒有陳全國落馬的消息，但不可否認的是，他的反恐扶貧工作已經達到一定程度，仍有被免職的可能，外界認為，陳全國的存在將成為美中關係日後走向妥協的障礙。

陳全國辭職後，馬興瑞被任命為新書記。馬興瑞原本是哈爾濱工業大學的教授，之後加入中國航天科技集團，並於 2007 年升任總經理一職。2013 年任工業和信息化部副部長後，歷任廣東省委副書記、深圳市委書記、廣東省長等職務。外界稱馬興瑞之所以被派往新疆，是因為他有望利用自己在科技方面的專業和在廣東省擔任領導的經歷，引領新疆的經濟發展。若真如此，在新書記的領導下，新疆政策的主軸可能會再次從「反恐」轉向經濟發展，引導政策朝更溫和的方向發展，也為迎接聯合國的考察團做好準備。

目前還不清楚一直以來的「反恐」政策是否會全面放鬆，之所以選中沿海地區的領導馬興瑞作為陳全國的接班人，應是看中馬興瑞的經歷與新疆、民族政策毫無淵源這一點。習近平政府近年來的人事安排，有刻意任用非專家

加強管理的特點，例如，2020 年任命中央政府駐香港聯絡辦公室（中聯辦）主任、國務院港澳事務辦公室（港澳辦）主任，以及國家民族事務委員會主任。在馬興瑞的人事方面，任命一個與當地社會無關的人，目的應是為了鞏固對當地社會的嚴厲鎮壓。

# 終章

## 新疆政策是
## 「種族滅絕」嗎？

## ◎「種族滅絕」為何？

20 世紀發明的「種族滅絕」（genocide）概念經常用來描述新疆的鎮壓情勢，「種族滅絕」是猶太裔波蘭律師拉斐爾・萊姆金（Raphael Lemkin）在二戰期間創造的一個詞，是由希臘語「genos」（種族或部落的意思）和拉丁語「-cide」（殺害的意思）組合而成，用來描述當時納粹對猶太人有組織性的監禁和屠殺。

1948 年聯合國通過的《防止及懲治滅絕種族罪公約》第 2 條將「滅絕種族罪」定義為「蓄意全部或局部消滅某一國族、族群、種族或宗教團體，犯有下列行為之一者」。

（a）殺害該團體之分子；

（b）致使該團體之分子在身體上或精神上遭受嚴重傷害；

（c）故意使該團體處於某種生活狀況下，以毀滅其全

部或局部之生命；

（d）強制施行辦法意圖防止該團體內之生育；

（e）強迫轉移該團體之兒童至另一團體。

有觀點認為，新疆問題當中尤其是對當地穆斯林的強制節育符合（d）項。如〈第六章〉所述，美國的研究人員鄭國恩提出了這一觀點後，引起全世界的反響。新疆出生率的直線下降和絕育手術數量的暴增被視為「種族滅絕」的證據。

更重要的是，「職業技能教育培訓中心」的大規模關押在西方人眼裡，總會聯想到納粹對猶太人的關押。大約在同一時間，另有人指出，在押人員的子女被送往機構接受中文教育與上述第 2 條的（e）項有關，因此「種族滅絕」一詞相對容易被多數西方人接受，這也就是為什麼中國在美國、加拿大、英國等西方國家實施「種族滅絕」的聲明和決議能迅速展開。

## ◎日本展開的議論

近年將新疆政策定性為「種族滅絕」的批評首先在美國提出，再擴及西方各國，但這並不是中國的民族政策第一次被批判為「種族滅絕」。曾有研究證實，1960 年代末至 70 年代文化大革命期間發生的屠殺、酷刑和其他形式的壓迫具有「種族滅絕」的特徵。主導這項研究的是現居日

本的中國內蒙古自治區出身的文化人類學家楊海英（日本名：大野旭）。

楊海英用大量資料證明，在文化大革命期間，內蒙古地區的當地蒙古人是慘遭漢人屠殺的對象。多數資料已公開，迄今已出版十四卷，題為《蒙古大屠殺的基本資料》（モンゴル人ジェノサイドに関する基礎資料[190]）。這種關於系統地壓迫蒙古人的全面資料收集在世界上絕無僅有。

楊海英的研究當然也可能被批判，認為受壓迫的不一定都是蒙古人，占人口多數的漢人也是文革的受害者。確實放眼整個中國，文革期間上至劉少奇，下至底層市井小民，不少漢人都成為文革的犧牲品，但在內蒙古僅僅因為是蒙古人，他們的忠誠度就受到遠比漢人嚴酷的質疑，也更容易成為有組織暴力的目標是不可否認的事實[191]，因此中國的民族政策中潛藏的「種族滅絕」性質不容忽視。

在這段研究歷史的背景下，以楊海英為首的一系列文章和書籍，對當前新疆問題的「種族滅絕」性質提出了質疑，《種族滅絕的國家：中國的真相》（ジェノサイド国家—中国の真実）收錄了楊海英與旅日維吾爾人、日本維吾爾協會會長于田 Kerimu 的對話是一個代表例子[192]。此外，由新疆出身的研究員穆愷黛絲撰寫的《日本維吾爾人揭露的維吾爾族種族滅絕》（在日ウイグル人が明かすウイグル・ジェノサイド 東トルキスタンの真実）也已出版，「種

族滅絕」一詞的使用隨之在公眾中普及開來[193]。

日本國會沒有像歐洲國家那樣通過「種族滅絕」決議，2022 年 2 月眾議院全體會議通過的人權決議被批評因考慮中國的立場而三心二意，但在全國各地的地方議會中，出現要求對中國態度強硬的聲音。在聯合國人權理事會，日本經常被列入批評中國新疆政策的聲明中。日本媒體也開始正面關注這個問題，例如 2021 年 12 月 19 日播出的 NHK 專題節目「『多民族國家』的衝突」（《中國新世紀》第 5 集[194]）。日本雖不像歐美那樣積極，但也正在逐漸接受「種族滅絕」的論述。

## ◎可以用 20 世紀的概念來概括嗎？

在此，我想從本書探討新疆歷史進程的角度，重新思考「種族滅絕」的概念與中國現實的新疆政策在多大程度上相通或相異。中國的新疆政策當中，尤其生育限制若有「種族滅絕」的性質，那麼其實過去也曾對漢人實行更為嚴格的生育限制；漢人原則上實行所謂的「一胎化政策」，而允許維吾爾人等少數民族生育多個孩子，但一般不會說中共對漢人進行「種族滅絕」，那為什麼新疆對穆斯林加強生育控制是一場「種族滅絕」？

正如本書〈第六章〉中探討的，加強生育限制可能與害怕被關押在「職業教育和培訓中心」有關，推測絕育手

術暴增的原因，是希望透過遵紀守法，減輕家人被拘禁的罪行，或避免日後被拘禁。此外，正如〈第四章〉主要討論的那樣，反對計畫生育等政策的聲音遭單方面壓制，如果抗議就會被視為「恐怖分子」並受到鎮壓，結果使計畫生育得到強化。站在那些被迫絕育的人及其家人的立場，那種想用「種族滅絕」這個概念來表達受到其他民族無法形容的高壓統治的心情完全可以理解。

　　然而，20世紀發明的「種族滅絕」這個概念是否適切地表達了這種高壓統治？現有的「種族滅絕」概念能否概括新疆問題的全貌？似乎歐美和日本研究者都沒有好好解決這些基本問題。

　　當然我無意根據中國的宣傳來淡化壓迫的存在，相反的，這些質問是在探索一種超越「種族滅絕」的新概念，來定義這樣的高壓統治。「種族滅絕」的概念不限於殺害行為，但詞源著重在殺害的意含；相比之下，中國的新疆政策是各種政策的總和，並非所有都符合「種族滅絕」的概念。

　　在此簡單概括一下新疆政策。最受批評的新疆政策至少有以下幾點：

（1）加強節育和鼓勵接受絕育手術是扼殺下一代的措施；

（2）將人關押至「職業技能教育培訓中心」、教育改

造、職工培訓；

（3）動員採摘棉花、引介至內地集體就業等利用勞動
　　　力的措施；

（4）利用先進技術、「結對認親制度」等進行全面監
　　　控；

（5）漢語教育的普及、「鑄牢中華民族共同體意識」、
　　　伊斯蘭教中國化等同化政策。

若（1）加強節育和鼓勵接受絕育手術是扼殺下一代的
措施，則（2）將人關押至「職業技能教育培訓中心」，教
育改革和職工培訓，以及（3）動員採摘棉花、引介至內地
集體就業等利用勞動力的措施，涉及暴力、酷刑等重點是
保住勞動力。另外，（4）「結對認親制度」也涉及嚴重的
人權問題，當被迫與陌生人像親戚一樣生活時，可能比人
類曾經歷過的任何「種族滅絕」都更加荒誕。

提出是否可以將新疆問題的各個方面都概括「種族滅
絕」的概念，並不是說問題不嚴重，新疆問題可能已經發
展到另一個層次，以至於七十多年前創造的「種族滅絕」
概念已經無法完整表達。在下結論之前，在此想再探討「文
化的種族滅絕」的概念。

## ◎「文化的種族滅絕」

在中國新疆政策的某些方面，帶有抹殺民族文化意含的「文化的種族滅絕」一詞比「種族滅絕」更貼切，其中最突出的是前述（5）漢語教育的普及、「鑄牢中華民族共同體意識」、伊斯蘭教中國化等同化政策。

正如〈第六章〉所討論的，透過漢語教育、形塑中國人意識等改革，讓那些被用作勞動力的當地穆斯林「重生」為真正的中國人，至於那些教育改造失敗，沒有成為真正的中國人的，就會在過程中被淘汰，消失在某個地方，但也有通過選拔的存活者。不過僅僅讓他們活著並不意味可以被容許，反而涉及到更深層次的問題。

被選拔和矯正的人被賦予了進工廠打工的生存方式，來支援「中國夢」的任務，重要的是（5）「鑄牢中華民族共同體意識」。尤其是 2017 年中共十九大以來，習近平一再強調要在中國人民心中「鑄牢中華民族共同體意識」，新疆穆斯林也不例外，要求不擅長漢語的他們使用漢語，要求到他們需有中華民族一員的自覺，而不是維吾爾人或穆斯林[195]。

這種同化政策被批評為「文化的種族滅絕」，對那些被剝奪原有文化的人而言，「文化的種族滅絕」一詞應該比較符合他們被同化政策文化殺害的看法，受害者也很可能自然地認為這也是一種「種族滅絕」。

在「文化的種族滅絕」當中，大多數文化被剝奪的人並沒有被當場殺死，而是繼續活下去。生而為維吾爾人或其他穆斯林，經過教育改造成為中國人的人，雖然與漢人有著明顯不同的背景，卻說著漢語，假裝是中國人，生活在中國社會的角落。如果中文不好，就不能指望在社會上出人頭地，或者可能僅僅因為不是漢人而被當作二等公民對待，這種活生生的苦難將是持久的，對未來的民族關係產生深遠的影響。

## ◎目的是民族改造

正如我們在前面看到的，新疆的一些政策確實與「種族滅絕」或「文化的種族滅絕」重疊，但這些政策的根本目的是消滅這個團體嗎？根據《種族滅絕公約》，要構成「種族滅絕」，其目的必須是消滅一個團體。中共的上述政策（1）至（5）是否符合「蓄意全部或局部消滅某一國族、族群、種族或宗教團體」（《種族滅絕公約》第 2 條）？

從目前流出的文件和資料來看，很難追溯該政策的根本目的是民族團體的破壞，習近平確實曾說過要對「恐怖分子」毫不留情，但他並沒有下令對新疆維吾爾人和其他民族的破壞、抹殺或殲滅。說白了，在習近平針對維吾爾人的話語中，很難找到像希特勒針對整個猶太人的那種敵意。

相反，按照中共的說法，維吾爾人是中華民族的一部分，維吾爾人不應被驅逐、被抹殺，而是應該納入中華民族，由此衍生出「結對認親制度」和拘禁式的教育改造，政府看似善意的看法導致了一廂情願的強制措施。

　　維吾爾人並沒有被徹底消滅，從不斷吸納和培養維吾爾人和其他當地穆斯林成為黨員幹部就可以看出，甚至在2017年前後，加速拘禁措施的時候，仍指示少數民族幹部的任用。維吾爾文並未完全被排除也值得一提，截至2022年12月的現在，黨在新疆的官方報紙《新疆日報》維吾爾文版仍繼續發行。

　　從這個角度看，當前的新疆政策目的是在改造民族，而不是毀滅民族。無法融入中國這個國家或不被信任的人將遭到淘汰，對那些被淘汰的人，等著他們的是一個無情的結局，取而代之的熱愛祖國和對黨絕對忠誠的人則從維吾爾人或哈薩克人和當地穆斯林當中誕生，這正是中共至今頻繁進行的幹部更迭，而這種更迭機制在習近平的領導下已經擴大到社會整體。

## ◎難道只能作為中華民族活著嗎？

　　從這一點來看，維吾爾人和其他當地穆斯林不能說已經遭到滅絕。有的被淘汰，有的倖存下來，或在學校接受教育，或被拘禁接受改造，必須重生為中華民族才能生存。

免於一死並不代表沒有問題，不許反對或抗議，更遑論獨立，只能作為中華民族的一分子，歌頌祖國中國，和漢人團結，即使被當成二等公民，也要對中共的政策心存感激，並且政府為選中的當地穆斯林提供晉升之路，有些人就選擇加入這條路了。人們別無選擇，只能隨波逐流地活下去，這不就是連「種族滅絕」二字都無法表達的苦難嗎？

最後介紹一下 2021 年上映的中國熱門電視劇《你是我的榮耀》，這部劇的女主角迪麗熱巴‧迪力木拉提正是維吾爾人。劇中迪麗熱巴飾演一位說普通話的普通中國（漢人）女性，愛上並嫁給了一名中國航天科技集團的工程師。在這部劇裡，迪麗熱巴身上完全沒有表現出任何維吾爾人的特徵。

這正是在中國語境下成為中華民族的維吾爾人「該有的樣子」之一，可說展示了維吾爾人在中國國家框架內被允許的少數生活方式。

# 新疆相關年表

| | |
|---|---|
| 西元前 2000 | 最晚大約此時，高加索人種到達塔里木盆地周邊 |
| 前 139 | 漢武帝派遣張騫到西域 |
| 前 60 | 西漢的勢力擴大至塔里木盆地周邊，並設立西域都護府 |
| 西元 1 世紀前半 | 隨著西漢的衰落，匈奴進入塔里木盆地 |
| 1 世紀末 | 東漢勢力再度回到此區域，重新設立西域都護府 |
| 2 世紀 | 東漢勢力退出，草原勢力進入 |
| 640 | 唐朝勢力擴張至塔里木盆地周邊，並設立安西都護府 |
| 8 世紀 | 唐朝勢力退出，回鶻、吐蕃進入 |
| 744 | 回鶻汗國在蒙古高原成立 |
| 840 | 回鶻汗國滅亡，失去蒙古高原統治權後西遷 |
| 9 世紀後半 | 高昌回鶻在塔里木盆地東部成立，塔里木盆地周邊開始突厥化 |
| 10 世紀中葉 | 喀喇汗王朝皈依伊斯蘭教 |
| 13 世紀 | 蒙古帝國進入，控制東、西突厥斯坦 |

| 14 世紀 | 蒙兀兒（「蒙古」的波斯語）勢力逐漸皈依伊斯蘭教 |
| 1513 | 佛教勢力被趕出哈密，東突厥斯坦完成伊斯蘭化 |
| 17 世紀 | 準噶爾人在天山北麓草原崛起，建立龐大遊牧帝國 |
| 1759 | 清乾隆控制塔里木盆地 |
| 1826 | 和卓家族一度占領喀什 |
| 1864 | 西北回民叛亂擴及整個新疆 |
| 1870 | 阿古柏政權控制天山以南的大部分地區 |
| 1877 | 阿古柏的部隊被清軍擊敗 |
| 1881 | 俄羅斯與清朝簽署《伊犁條約》，將伊犁地區歸還清朝 |
| 1884 | 新疆建省，實行省制 |
| 1911 | 受到辛亥革命影響，新疆也發生叛亂，但楊增新仍維持統治 |
| 1922 | 蘇聯在新疆西部成立，民族概念逐步形成 |
| 1928 | 楊增新遇害，新疆一時陷入混亂 |
| 1933 | 省政府主席金樹仁下台，盛世才掌控實權；東突厥斯坦伊斯蘭共和國在喀什成立（並於隔年滅亡） |
| 1940 | 阿爾泰地區的哈薩克人發生叛亂 |
| 1941 | 蘇聯在德蘇戰爭中失利，盛世才投向蔣介石 |
| 1942 | 毛澤民等中共黨員遭逮捕 |
| 1944 | 東突厥斯坦共和國在伊寧發表《建國宣言》 |
| 1945 | 應蘇聯要求，東突厥斯坦民族軍隊被迫停止前進 |

| 1946 | 東突厥斯坦共和國決議解散 |
|------|------|
| 1947 | 新疆省聯合政府成立、瓦解 |
| 1949 | 8 月／應中共邀請前往北京的前東突厥斯坦共和國領導們遇上空難，真相不明 |
|      | 9 月／新疆省政府歸順中共 |
|      | 11 月／人民解放軍進駐新疆，王震抵達烏魯木齊 |
|      | 12 月／新疆省人民政府成立，包爾漢、賽福鼎等人加入共產黨 |
| 1950 | 3 月／根據《中蘇協定》，承認蘇聯在新疆的地下資源利益 |
| 1951 | 3 月／舉行「五十一人座談會」 |
|      | 4 月／發起叛亂的哈薩克人烏斯滿‧巴圖爾被判處死刑 |
| 1952 | 5 月／發表《關於新疆土地改革工作的指示》。土地改革進展至隔年 |
|      | 6 月／習仲勳在中共中央新疆分局常務委員會議上批判王震，王震新疆分局第一書記一職遭解除 |
|      | 7 月／召開新疆省第二屆黨代表會議，對遊牧地區採取穩進化政策 |
|      | 8 月／制定《民族區域自治實施綱要》 |
| 1953 | 開始設立自治鄉等基層自治單位 |
| 1954 | 設立自治縣、自治州 |
|      | 10 月／成立新疆生產建設兵團 |
| 1955 | 10 月／新疆維吾爾自治區成立，賽福鼎擔任主席 |
|      | 工商業社會主義改造和農業集體化迅速進行 |
| 1957 | 反右鬥爭的波及 |
|      | 12 月／自治區黨委會擴大會議開幕，對地方民族主義的批判聲浪升高 |

| 1958 | 4月／自治區政府的文化廳長等人因組成「反黨集團」遭開除黨籍 |
|------|------|
| 1959 | 8月／反右傾鬥爭 |
| 1960 | 夏季／發生乾旱，提出「抗旱鬥爭」<br>年底／發表農業生產遇上「特大天災」 |
| 1962 | 春季／邊境附近的居民陸續逃往蘇聯<br>5月／伊寧發生暴動（五二九反革命暴亂） |
| 1963 | 9月／毛澤東指出改善新疆的人民生活 |
| 1964 | 10月／中國首次在羅布泊進行核試驗 |
| 1966 | 無產階級文化大革命波及新疆<br>9月／學生一度占領自治區黨委員會建築（九三事件） |
| 1967 | 1月／自治區領導層遭造反派奪權；保守派在「石河子事件」中回擊 |
| 1968 | 7月／中央領導人接見新疆兩派人馬，斥責造反派幹部<br>9月／自治區革命委員會成立，龍書金擔任主任 |
| 1969 | 1月／王恩茂倒台，移送至北京<br>新疆的中蘇邊境衝突頻傳（鐵列克提事件等） |
| 1971 | 進行黨組織的重建和自治區黨委員會的重組 |
| 1972 | 1月／召開新疆工作座談會，龍書金遭到批判而後倒台<br>10月／重啟文字改革委員會，展開「新文字」的普及 |
| 1973 | 6月／賽福鼎就任自治區黨委員會第一書記 |
| 1974 | 批林批孔運動波及新疆 |
| 1976 | 批判鄧小平波及新疆<br>9月／毛澤東逝世，隔月「四人幫」垮台，批判「四人幫」運動波及新疆 |
| 1977 | 12月／解除賽福鼎第一書記職位，由汪鋒繼任 |
| 1980 | 1月／阿克蘇發生下放青年運動，解放軍進行鎮壓（阿 |

克蘇事件）

4月／阿克蘇發生當地穆斯林的抗議行動（阿克蘇四九事件）

8月／民族政策出現改善勢頭，舉行「三級幹部會議」

1981 1月／喀什地區葉城縣發生暴動

5月／喀什地區伽師縣發生暴動

8月／鄧小平視察新疆

10月／王恩茂回任自治區黨委員會第一書記

1984 5月／全國人大通過《民族區域自治法》

1985 10月／王恩茂辭去第一書記，由青年幹部宋漢良繼任

12月／烏魯木齊發生學生抗議行動（烏魯木齊一二一二事件）

1988 1月／國務院發布「討論新疆開放工作的紀要」

3月／國務院將新疆定為國家棉花和甜菜重點開發區

7月／自治區黨委員會決定支援南疆脫貧

1989 5月／上海文化出版社發行《性風俗》一書，被新疆當地穆斯林認為汙辱伊斯蘭教而引起反對運動（五一九騷亂）

6月／發生「六四天安門事件」；江澤民就任總書記

1990 4月／發生「巴仁鄉事件」

8月／江澤民視察新疆

1991 8月／王震在王恩茂等人的陪同下視察新疆

1992 1月／中國與前蘇聯的中亞五國建交

9月／在烏魯木齊舉行邊境地方經濟貿易博覽會

1994 8月／國務院批准設立烏魯木齊經濟技術開發區

9月／宋漢良辭去自治區黨委員會書記，王樂泉擔任代理書記

| 1995 | 12月／王樂泉正式就任自治區黨委員會書記 |
|---|---|
| 1996 | 5月／發生喀什大清真寺的伊瑪目阿榮汗・阿吉遇刺未遂事件 |
| | 8月／伊寧發生大規模抗議 |
| 1997 | 2月／伊寧鎮壓造成多數傷亡；烏魯木齊發生公車爆炸事件 |
| | 3月／北京發生公車爆炸事件 |
| 1998 | 2月／東京大學博士留學生吐赫提・土亞茲遭逮捕 |
| | 7月／江澤民視察新疆 |
| 1999 | 8月／熱比婭・卡德爾遭逮捕 |
| | 9月／國務院發布《關於進一步加強少數民族地區人才培養工作的意見》 |
| | 12月／連接吐魯番和喀什的南疆鐵路全線開通 |
| 2000 | 中央新疆工作協調小組在北京成立，羅幹擔任組長 |
| | 3月／全國人大通過「西部大開發」為十五計畫主軸 |
| 2001 | 6月／「上海合作組織」成立 |
| | 9月／美國發生「九一一事件」 |
| | 10月／美中元首會談，強化共同努力根除「恐怖主義」的方針 |
| | 12月／江澤民在全國宗教工作會議上發表「論宗教問題」的演講 |
| 2002 | 1月／國務院發表〈「東突」恐怖勢力難脫罪責〉一文 |
| | 8月／「東突厥斯坦伊斯蘭運動」被列入美國的恐怖組織名單 |
| | 11月／胡錦濤就任總書記 |
| 2003 | 5月／國務院發表《新疆的歷史與發展》白皮書 |
| 2004 | 3月／自治區公布《關於大力推進「雙語」教學工作的 |

決定》

12 月／「西氣東輸」管線開始輸送天然氣至上海

2005　3 月／熱比婭・卡德爾被移送至美國

2006　接受職業訓練後，從南疆移轉至內地的勞動者增加

2007　9 月／國務院發布《關於進一步促進新疆經濟社會發展
的若干意見》

2009　6 月／習近平（時任國家副主席）視察新疆；廣東省韶
關市郊外的工廠發生維吾爾工人遭襲擊事件

7 月／「烏魯木齊騷亂」（七五事件）

9 月／國務院發布《新疆的發展與進步》白皮書

2010　3 月／召開全國新疆「對口支援」工作會議

4 月／王樂泉卸任自治區黨委員會書記，張春賢接任

5 月／召開首次中央新疆工作座談會，胡錦濤發表重要
講話

2011　9 月／喀什、霍爾果斯建立經濟開發區

2012　11 月／習近平就任總書記

2013　9 月／習近平訪問哈薩克時提出「絲綢之路經濟帶」

10 月／發生天安門汽車衝撞事件

2014　3 月／發生昆明車站無差別攻擊事件

4 月／習近平視察新疆，指示「嚴打高壓恐怖分子」；
烏魯木齊南站發生爆炸事件

5 月／公安部展開「以新疆為主戰場啟動嚴打暴力恐怖
活動專項行動」；召開第二次中央新疆工作座談會，
習近平發表重要講話

7 月／發生中國伊斯蘭協會副會長居瑪・塔伊爾遇刺身
亡事件

2015　5 月／自治區發表一年共剷除 181 個「恐怖組織」

9 月／發生「阿克蘇煤礦襲擊事件」

12 月／制定《反恐怖主義法》

2016 ·  7 月／制定《自治區反恐怖主義法實施辦法》

8 月／張春賢卸任自治區黨委員會書記，陳全國接任

10 月／開展「民族團結一家親」的活動動員大會，推動「結對認親制度」

2017 ·  2 月／陳全國下令嚴懲反分裂鬥爭中的「兩面人」

3 月／制定《新疆維吾爾自治區去極端化條例》

5 月／新疆大學前校長、自治區教育廳幹部陸續被捕、落馬

6 月／南疆有 1,5683 人被歸類為「教育訓練」（根據中國電文）

2018 ·  4 月／沙依拉古麗・沙吾提巴依逃往哈薩克

9 月／國際組織「人權觀察」發表題為《「去除思想上的病毒」》報告

11 月／國務院發表《新疆的文化保護與發展》白皮書

2019 ·  6 月／BBC 報導「職業技能教育培訓中心」內部樣貌

11 月／陸續出現外流文件的報導

12 月／美國眾議院通過《2019 年維吾爾人權法案》

2020 ·  3 月／澳洲戰略政策研究所發表《出售維吾爾人》報告

6 月／學者鄭國恩發表《不孕、子宮內避孕器和強制節育》報告

9 月／國務院發布《新疆的勞動就業保障》白皮書

12 月／鄭國恩發表《新疆的強制勞動》報告

2021 ·  1 月／美國國務卿龐培歐發表聲明，稱中國犯下「種族滅絕」

2 月／加拿大下議院承認中國的鎮壓是「種族滅絕」

3 月／發表聲明不採購新疆棉的 H&M 遭到中國抵制

4 月／英國下議院承認中國的鎮壓是「種族滅絕」

6 月／中國駐日大使館舉辦「美麗新疆」線上交流會

12 月／陳全國卸任自治區黨委員會書記，馬興瑞接任

2022　2 月／日本眾議院通過關切中國人權決議

# 後記

　　這本書講述了從中共政權的「解放」到最近的拘禁政策的新疆近現代史，在處理中國的新疆統治這個高度敏感話題時，採取什麼樣的觀點很重要。新疆問題大致可以分為，一是旅居海外的維吾爾人和西方國家的批評和指責，二是中方的主張和反駁。每一個主張自然反映了各自的主觀性且互不相讓，由於處於相互指責的關係中，常常避談對自身不利的事實。

　　相比之下，筆者試圖以第三人稱的立場來寫這本書，盡量克制自己，不偏袒任何一方，客觀地論述新疆近現代的通史，這是有原因的，因為日本幾乎沒有關於新疆這個地區的通史。小松久男主編的《中央歐亞大陸史》（中央ユーラシア史）（山川出版社，2000 年）中包含了相關部分，但出版距今已有二十多年。新疆問題近年來備受關注，必須有人來寫一部新的通史。應中央公論新社田中正敏先

生的邀請，決定撰寫一部盡可能客觀，具有學術性又易讀的通史，於是開始下筆。

當然，我並不精通本書涵蓋的所有時代和領域，我的專業是中國和蘇聯的民族政策，核心主題是少數民族菁英的任免史，因此需要在自己的非專業領域重新學習和吸收國內外的研究成果。內容或總結方式如有不足或遺漏之處，敬請指教。

我知道將新疆地區的歷史編成一冊通史的工作是我一個人的力量無法完成的，然而這對日語文獻來說卻是前所未有的挑戰，誠摯希望藉本書拋磚引玉，促成未來更多現代新疆的研究。

在本書的撰寫過程中受到許多人的協助，由於這本書的主題敏感，在此不點名我的維吾爾朋友，但我想從心底說一聲「Rahmat」（維吾爾語的「謝謝」）。我每寫完一章，你總是我的第一個讀者、也是我的顧問。我還要感謝同意接受訪問的維吾爾人，也感謝我的哈薩克朋友和漢人朋友，對我的研究提出了各種建議。

關於本書的內容，我有機會在各種研究會、座談會和研討會上發表研究報告。在我寫這本書的這一年，亞洲經濟研究所、霞山會、經團聯 21 世紀政策研究所、中曾根康弘世界和平研究所、日本國際論壇、日本國際問題研究所、JOGMEC 和等提供我報告中國新疆政策的機會。我還在科研費學術變革領域（A）「受衝突影響地區的信任與和平建

設」工作坊上從政府和民眾之間的信任角度做報告。還在新宿塾的演講會上，在商界前輩的面前就新疆問題的各個方面班門弄斧。雖然無法一一點名，但很多人都對促成這本書的研究給予了熱情支持，對我的研究是一個很大的鼓勵。另外，在研究會的問答環節，我得到了很多建議，對我的研究很有幫助，在此表示深深的謝意。

此外，本書是以下科研費成果的一部分，包括科研費青年研究人員資助計畫「中國新疆政策的轉折點：從解放到拘禁的少數民族」，在此表示感謝。

基礎研究（B）「近現代中央歐亞的韃靼人流散與社會文化變遷」（19H01323）

研究活動的初始支援「中國少數民族政策與歷史的制度論」（19K20875）

學術變革領域研究（A）「受衝突影響地區的信任與和平建設」（20H05829）

基礎研究（B）「當代新疆少數民族文化動態研究──民族語言出版物述評」（20H01331）

基礎研究（C）「《沒有國家的人》的出版與民族意識：庫爾德人與維吾爾人的比較」（21K12421）

青年研究「中國新疆政策的轉折點：從解放到拘禁的少數民族」（21K13240）

就個人而言，非常感謝我去年4月就職的法政大學法學部（國際政治學科）給了我一個自由的環境。幾次在研討會和講座中討論新疆的政治和社會問題時，從與學生的對話中學到了很多東西。特別感謝成為我的專門課第一批學生的四位學生。也藉此機會感謝研究開發中心和法學部資料室的各位，一直在繁雜的簡體字資料驗收工作上給予協助。此外，擔任臨時研究助理的法政大學學生原同學也協助我製作本書的參考文獻。最後一章提到的維吾爾女演員迪麗熱巴，正是原同學告訴我的。

最後，感謝中央公論新社的田中正敏先生對本書寫作的耐心支持。老實說，當我收到這本書的邀稿時，我很懷疑自己是否可以寫完。抱著捨我其誰的心態接受了，但是各種事情忙得我沒足夠的時間之下，最後花了一年多才完成，多虧了田中先生的時時關照，我才得以全部寫完，在此表示深深的謝意。

# 中文版謝辭

　　2022 年 6 月在日本出版這本書後，一直希望能在臺灣出版中文版，向臺灣讀者報告自己近年來的研究成果，這也是與我自己經歷有關。我自 2016 年 4 月至 2018 年 3 月居住在臺灣，在國立政治大學東亞研究所做客座研究，期間從事的研究主要是中共統治下新疆一帶的歷史研究，以及中國和中亞前蘇聯國家的國際關係史研究。

　　2016 年我到臺灣之後，有人問我為什麼來臺灣做這些研究？我回答，研究環境很好。我曾在北京待過一年半，莫斯科也待過一年，已經去過新疆、烏茲別克、哈薩克、吉爾吉斯等從事田野調查，那時候我想離開歐亞大陸，站在第三方客觀看待研究對象，但不想去美國那麼遠的地方，而且我對臺灣的中國大陸研究非常感興趣，臺灣除了國立政治大學以外，有中央研究院、國立臺灣大學、國立清華大學等世界上著名的中國研究機關，還有如國立政治大學

國際關係中心圖書館、國史館及中央研究院近代史研究所
檔案館等的歷史資料寶庫，後來我覺得我的選擇非常好，
比預期的更好，可以說我在臺灣重新開始研究生活。這本
書是我後來回日本後於 2021 年開始寫的，但內容的各個方
面與我之前在臺灣研究的內容有關，其部分成果也曾在臺
灣發表過，例如：

〈新疆三區革命領導者在中共建政後的政治演變
（1949-2017）〉《東亞研究》48 卷 6 期，2018 年，1-38 頁。
〈中共開始新疆統治與少數民族菁英（1949-52 年）〉
《問題與研究日文版》48 卷 4 號，2019 年，99-134 頁[196]。
〈文化大革命時期（1966-76 年）新一代少數民族菁英
的出現〉《問題與研究日文版》47 卷 1 號，2018 年，127-
156 頁[197]。

這些論文是這本書論述的部分基礎，臺灣的研究環境
給我很多發表機會，在此表示深深的謝意。

臺灣有多家很好的出版社，其中我尊敬的兩位學者，
東京大學平野聰老師和靜岡大學大野旭（楊海英）老師都
在八旗文化出版有關蒙藏及中國周邊政策的翻譯專書，所
以我一直以來最關注臺灣的八旗文化。八旗文化的富察先
生同意出版的時候，我感到非常榮幸，現在可以把中文版
提供給臺灣及全世界的中文讀者，非常感謝八旗文化給我

出版譯本的機會。

藉由出版中文版之際，再次確認我的立場，我是從第三人稱的立場來寫這本書，不偏袒任何一方，客觀地論述新疆近現代的通史。所以本書沒有擁護中國的立場，也不認為「種族滅絕」這個歐美發明的概念可以說明中共針對新疆的整個政策。本書主要探討自 1949 年中共建政至 2022 年的新疆政治史，我的關心在政治史的分析，而非從事政治運動。我在本書也有提到當地社會輩出的少數民族菁英，與新疆近代史上的蘇聯因素，這些觀點皆出自我的博士論文，該論文已經在日本出版，請參考：

《民族自決與民族團結：蘇聯與中國的民族菁英》東京大學出版會，2020 年[198]。

最後，這本書的譯者我的太太鍾寧，沒有她的協助，就沒有這個中文版。日文版出版後，短短七個月可以出版中文版，非常感謝她的協助。

2022 年 11 月 28 日　於　桃園機場

# 注釋

◎序章│新疆（東突厥斯坦）的兩千年

001──本節內容主要根據以下文獻。小松久男編『中央ユーラシア史』（山
川出版社, 2000）第89-244頁。

002──中華人民共和國國務院新聞辦公室〈新疆各民族平等權利的
保障〉2021年7月14日。http://www.gov.cn/zhengce/2021-07/14/
content_5624800.htm

003──本節內容主要根據以下文獻。小松久男編『中央ユーラシア史』（山
川出版社, 2000）第298-317頁。

004──小沼孝博『清と中央アジア草原：遊牧民の世界から帝国の辺境へ』
（東京大学出版会, 2014）第15頁。

005──アブドゥレヒム・オトキュル（東綾子訳）『英雄たちの涙：目醒めよ, ウ
イグル』（まどか出版, 2009）

006──小松久男, 梅村坦, 宇山智彦, 帯谷知可, 堀川徹編『中央ユーラシア
を知る事典』（平凡社, 2005）第440頁。

007──寺山恭輔『スターリンと新疆：1931-1949年』（社会評論社, 2015）第430頁。

008──王柯『東トルキスタン共和国研究：中国のイスラムと民族問題』（東京大学出版会, 1995）第113頁。

009──王柯『東トルキスタン共和国研究：中国のイスラムと民族問題』（東京大学出版会, 1995）第206頁。

◎第一章｜中國共產黨統治之始（1949-1955年）

010──ラビア・カーディル, アレクサンドラ・カヴェーリウス（水谷尚子監修、熊河浩訳）『ウイグルの母ラビア・カーディル自伝：中国に一番憎まれている女性』（ランダムハウス講談社, 2009）第33、43、44頁。

011──熊倉潤『民族自決と民族団結：ソ連と中国の民族エリート』（東京大学出版会, 2020）第4章。

012──中共中央文獻研究室等編《新疆工作文獻選編（1949-2010）》（北京：中央文獻出版社, 2010）第27頁。

013──中共新疆維吾爾自治區委員會組織部等編《中國共產黨新疆維吾爾自治區組織史資料》（北京：中共黨史出版社, 1996）第23-24頁。

014──Justin M. Jacobs, "The Many Deaths of a Kazak Unaligned: Osman Batur, Chinese Decolonization, and the Nationalization of a Nomad," The American Historical Review, 115(5), 2010: pp. 1291-1314.

015──《王震傳》編寫組《王震傳》（上、北京：當代中國出版社, 1999）第516頁。

016──《王震傳》編寫組《王震傳》（北京：人民出版社, 2008）第395頁。

017──朱培民、王寶英《中國共產黨治理新疆史》（北京：當代中國出版社, 2015）第57-58頁。

018──朱培民、王寶英《中國共產黨治理新疆史》（北京：當代中國出版社, 2015）第133頁。

019——中共新疆維吾爾自治區委員會組織部等編《中國共產黨新疆維吾爾自治區組織史資料》(北京:中共黨史出版社, 1996)第231頁。

020——王永慶《歷史的回聲:格爾夏回憶錄》(五家渠:新疆生產建設兵團出版社, 2008)第77-78頁。

021——中共中央文獻研究室編《鄧小平年譜1904-1974》(中卷, 北京:中央文獻出版社, 2004)第1105頁。

022——李維漢《統一戰線問題與民族問題》(北京:人民出版社, 1981)第522頁。

023——〈中央對新疆民族區域自治實施計畫的批示〉(1953年4月13日)中共新疆維吾爾自治區委員會黨史研究室編《中國共產黨與民族區域自治制度的建立和發展》(北京:中共黨史出版社, 2000)第311頁。

024——中共中央文獻研究室等編《新疆工作文獻選編(1949-2010)》(北京:中央文獻出版社, 2010)第99-101頁。

025——呂劍人《我的回憶》(西安:陝西人民出版社, 1997)第130頁。

026——中共新疆維吾爾自治區委員會組織部等編《中國共產黨新疆維吾爾自治區組織史資料》(北京:中共黨史出版社, 1996)第1089頁。

027——〈斯大林與中共代表團的談話紀要〉1949年6月27日, A.M.列多夫斯基著, 陳春華譯《斯大林與中國》(北京:新華出版社, 2001)第100頁。

028——ラビア・カーディル, アレクサンドラ・カヴェーリウス(水谷尚子監修、熊河浩訳)『ウイグルの母ラビア・カーディル自伝:中国に一番憎まれている女性』(ランダムハウス講談社, 2009)第40-42頁。

◎第二章｜作為中蘇對立的前哨(1956-1977年)

029——朱培民、王寶英《中國共產黨治理新疆史》(北京:當代中國出版社, 2015)第60頁。

030——ラビア・カーディル, アレクサンドラ・カヴェーリウス(水谷尚子監

修、熊河浩訳）『ウイグルの母ラビア・カーディル自伝：中国に一番
憎まれている女性』（ランダムハウス講談社, 2009）第29-35頁。

031——新疆維吾爾自治區地方誌編纂委員會編《新疆通志・共產黨志》
（烏魯木齊：新疆人民出版社, 2001）第30頁。

032——天児慧『中華人民共和国史新版』（岩波新書, 2013）第36-37頁。

033——《新疆日報》1956年3月1日, 15日。

034——朱培民、王寶英《中國共產黨治理新疆史》（北京：當代中國出版社,
2015）第59頁。

035——久保亨『シリーズ中国近現代史4・社会主義への挑戦』（岩波新書,
2011）第75頁。

036——中共新疆維吾爾自治區委員會組織部等編《中國共產黨新疆維吾
爾自治區組織史資料》（北京：中共黨史出版社, 1996）第109頁。

037——賽福鼎〈堅決反對地方民族主義, 為社會主義的偉大勝利而奮鬥〉
《新疆日報》1957年12月17日。

038——《新疆日報》1958年8月17日。

039——毛里和子「新疆の『地方民族主義』をめぐる問題」市古教授退官記
念論叢編集委員会編『論集・近代中国研究』（山川出版社, 1981）
第394-402頁。

040——熊倉潤『民族自決と民族団結：ソ連と中国の民族エリート』（東京大
学出版会, 2020）第158-161頁。

041——《新疆日報》1958年9月27日。

042——《新疆日報》1959年8月16日。

043——楊繼繩《墓碑》（香港：天地圖書, 2018）第984頁。

044——ラビア・カーディル, アレクサンドラ・カヴェーリウス（水谷尚子監
修、熊河浩訳）『ウイグルの母ラビア・カーディル自伝：中国に一番
憎まれている女性』（ランダムハウス講談社, 2009）第60-71頁。

045——《新疆日報》1960年8月31日、12月30日, 1961年1月26日、9月1日。

046——李丹慧〈對1962年新疆伊塔事件起因的歷史考察：來自中國新疆的

檔案材料〉李丹慧編《北京與莫斯科：從聯盟走向對抗》（桂林：廣西師範大學, 2002）第498頁。

047──呂劍人《我的回憶》（西安：陝西人民出版社, 1997）第166, 167頁。

048──中共中央文獻研究室等編《新疆工作文獻選編（1949-2010）》（北京：中央文獻出版社, 2010）第218頁。

049──李丹慧〈對1962年新疆伊塔事件起因的歷史考察：來自中國新疆的檔案材料〉李丹慧編《北京與莫斯科：從聯盟走向對抗》（桂林：廣西師範大學, 2002）第506頁。

050──中共中央文獻研究室編《周恩來年譜1949-1976》（北京：中央文獻出版社, 1997）中卷, 第475頁。

051──朱培民、陳宏、楊紅《中國共產黨與新疆民族問題》（烏魯木齊：新疆人民出版社，2004）第150頁。オレーグ・ボリーソフ, ボリス・コロスコフ（滝沢一郎訳）『ソ連と中国：友好と敵対の関係史』（サイマル出版会, 1979）上巻, 第241-243頁。石井明「1949年以降の新疆とロシア・中央アジアの関係の変遷」『東京大学大学院総合文化研究科国際社会科学専攻紀要』56, 2006: 第21-22頁。

052──朱培民、陳宏、楊紅《中國共產黨與新疆民族問題》（烏魯木齊：新疆人民出版社, 2004）第143頁。

053──朱培民、陳宏、楊紅《中國共產黨與新疆民族問題》（烏魯木齊：新疆人民出版社, 2004）第152頁。

054──中共中央文獻研究室等編《新疆工作文獻選編（1949-2010）》（北京：中央文獻出版社, 2010）第212, 213頁。

055──中共中央文獻研究室編《建國以來毛澤東文稿・第10冊》（北京：中央文獻出版社, 1996）第378, 379頁。

056──ラビア・カーディル, アレクサンドラ・カヴェーリウス（水谷尚子監修、熊河浩訳）『ウイグルの母ラビア・カーディル自伝：中国に一番憎まれている女性』（ランダムハウス講談社, 2009）第116頁。

057──中共中央文獻研究室編《周恩來年譜1949-1976》（北京：中央文獻

出版社, 1997）下卷, 第58頁。

058——《新疆日報》1967年1月22日。

059——《新疆日報》1967年1月26日。

060——加々美光行『中国の民族問題：危機の本質』（岩波書店, 2008）第
171頁。陳伍國《王恩茂傳》（北京：中國文史出版社, 2015）第482
頁。情報局情報研究室・匪情年報編輯委員會編《匪情年報1968》
（臺北：國防部情報局, 1968）第463頁。金炳鎬編《中國民族自治區
的民族關係》（北京：中央民族大學出版社, 2006）第183頁。

061——陳伍國《王恩茂傳》（北京：中國文史出版社, 2015）第489-491頁。

062——〈中央首長對新疆兩派在京部分代表的指示〉西西弗斯約翰編《資
深獄吏：康生與「文革」（IV）》（臺北：西西弗斯文化出版, 2016）第
52-81頁。熊倉潤「中ソ対立下の中国少数民族幹部政策—新疆ウイ
グル自治区の事例から（1966−1976年）」『国際政治』197, 2019: 第
58-73頁。

063——《新疆日報》1968年12月21日。

064——陳伍國《王恩茂傳》（北京：中國文史出版社, 2015）第497頁。

065——《新疆日報》1968年9月5日, 1969年2月13日。

066——呂劍人《我的回憶》（西安：陝西人民出版社, 1997）第185, 186頁。

067——《新疆日報》1969年3月23日。

068——楊海英「ウイグル人の中国文化大革命：既往研究と批判資料からウ
イグル人の存在を抽出する試み」『アジア研究別冊4・中国文化大
革命と国際社会：50年後の省察と展望：国際社会と中国文化大
革命：フロンティアの中国文化大革命』（静岡大学人文社会科学部ア
ジア研究センター, 2016）第199-230頁。

069——石井明『中国国境・熱戦の跡を歩く』（岩波書店, 2014）第132-136
頁。劉岩、李岳《中俄關係的大情小事（1949-2009）》（北京：世界知
識出版社, 2010）第174, 175頁。

070——馬大正《國家利益高於一切：新疆穩定問題的觀察與思考》（烏魯木

齊：新疆人民出版社, 2003）第42-45頁。

071——中共寧夏回族自治區委員會黨史研究室《中國共產黨寧夏史（1949.9-1978.12）》（銀川：寧夏人民出版社, 2008年）第348, 349頁。

072——中共中央組織部編《中國共產黨黨內統計資料匯編（1921-2010）》（北京：黨建讀物出版社, 2011）第8-14頁。

073——《新疆日報》1972年6月13日。

074——熊倉潤『民族自決と民族団結：ソ連と中国の民族エリート』（東京大学出版会, 2020）第196, 197頁。

075——熊倉潤「文化大革命期（1966-76年）における新しい少数民族エリートの登場」『問題と研究』47(1), 2018: 第127-156頁。

076——《新疆日報》1973年6月13日。

077——《新疆日報》1973年6月15日。

078——《汪鋒傳》編委會《汪鋒傳》（北京：中央黨史出版社, 2011）第554, 555頁。

079——Donald H. McMillen, Chinese Communist Power and Policy in Xinjiang, 1949-1977 (Boulder, Colo.: Westview Press, 1979) p. 301.

◎第三章｜「改革開放」的光明與黑暗（1978-1995年）

080——中共新疆維吾爾自治區委員會組織部等編《中國共產黨新疆維吾爾自治區組織史資料》（北京：中共黨史出版社, 1996）第387頁。

081——ラビア・カーディル, アレクサンドラ・カヴェーリウス（水谷尚子監修、熊河浩訳）『ウイグルの母ラビア・カーディル自伝：中国に一番憎まれている女性』（ランダムハウス講談社, 2009）第137頁。

082——中共新疆維吾爾自治區委員會組織部等編『中國共產黨新疆維吾爾自治區組織史資料』（北京：中共黨史出版社, 1996）第387頁。

083——中共新疆維吾爾自治區委員會組織部等編『中國共產黨新疆維吾

爾自治區組織史資料』(北京：中共黨史出版社, 1996)第386頁。

084——ラビア・カーディル, アレクサンドラ・カヴェーリウス(水谷尚子監修、熊河浩訳)『ウイグルの母ラビア・カーディル自伝：中国に一番憎まれている女性』(ランダムハウス講談社, 2009)第176-178頁。

085——《汪鋒傳》編委會《汪鋒傳》(北京：中央黨史出版社, 2011)第600-601頁。

086——朱培民、陳宏、楊紅《中國共產黨與新疆民族問題》(烏魯木齊：新疆人民出版社, 2004)第70頁。

087——朱培民、陳宏、楊紅《中國共產黨與新疆民族問題》(烏魯木齊：新疆人民出版社, 2004)第70頁。

088——楊海英『「知識青年」の1968年』(岩波書店, 2018)第173頁。

089——ラビア・カーディル, アレクサンドラ・カヴェーリウス(水谷尚子監修、熊河浩訳)『ウイグルの母ラビア・カーディル自伝：中国に一番憎まれている女性』(ランダムハウス講談社, 2009)第209, 210頁。

090——《汪鋒傳》編委會《汪鋒傳》(北京：中央黨史出版社, 2011)第608頁。

091——ラビア・カーディル, アレクサンドラ・カヴェーリウス(水谷尚子監修、熊河浩訳)『ウイグルの母ラビア・カーディル自伝：中国に一番憎まれている女性』(ランダムハウス講談社, 2009)第210頁。

092——《汪鋒傳》編委會《汪鋒傳》(北京：中央黨史出版社, 2011)第608頁。

093——馬大正《國家利益高於一切：新疆穩定問題的觀察與思考》(烏魯木齊：新疆人民出版社, 2003)第47頁。

094——陳伍國《王恩茂傳》(北京：中國文史出版社, 2015)第541頁。

095——馬大正《國家利益高於一切：新疆穩定問題的觀察與思考》(烏魯木齊：新疆人民出版社, 2003)第47頁。

096——毛里和子『周縁からの中国：民族問題と国家』(東京大学出版会, 1998)第123頁。

097——朱培民、陳宏、楊紅《中國共產黨與新疆民族問題》(烏魯木齊：新疆人民出版社, 2004)第185頁。

098——朱培民、陳宏、楊紅《中國共產黨與新疆民族問題》(烏魯木齊:新疆人民出版社, 2004)第185頁。

099——中共新疆維吾爾自治區委員會組織部等編《中國共產黨新疆維吾爾自治區組織史資料》(北京:中共黨史出版社, 1996)第387頁。

100——哈日巴拉〈新疆的政治力學與中共的民族政策〉《二十一世紀評論》(2008年, 第5期)。

101——《汪鋒傳》編委會《汪鋒傳》(北京:中央黨史出版社, 2011)第617頁。

102——《民族政策文選》編輯組編《民族政策文選》(烏魯木齊:新疆人民出版社, 1985)第21頁。

103——中共中央文獻研究室等編《新疆工作文獻選編(1949-2010)》(北京:中央文獻出版社, 2010)第252頁。

104——陳伍國《王恩茂傳》(北京:中國文史出版社, 2015)第546頁。

105——中共新疆維吾爾自治區委員會組織部等編《中國共產黨新疆維吾爾自治區組織史資料》(北京:中共黨史出版社, 1996)第387頁。

106——陳伍國《王恩茂傳》(北京:中國文史出版社, 2015)第541頁。

107——岡本雅享『中国の少数民族教育と言語政策［増補改訂版］』(社会評論社, 2008)第402頁。

108——新免康「中華人民共和国期における新疆への漢族の移住とウイグル人の文化」塚田誠之編『民族の移動と文化の動態:中国周縁地域の歴史と現在』(風響社, 2003)第496頁。

109——高原明生, 前田宏子『シリーズ中国近現代史5・開発主義の時代へ1972-2014』(岩波新書, 2014)第2頁。

110——陳伍國《王恩茂傳》(北京:中國文史出版社, 2015)第565頁。

111——馬大正《國家利益高於一切:新疆穩定問題的觀察與思考》(烏魯木齊:新疆人民出版社, 2003)第50頁。

112——馬大正《國家利益高於一切:新疆穩定問題的觀察與思考》(烏魯木齊:新疆人民出版社, 2003)第55頁。

113——新疆維吾爾自治區地方誌編纂委員會編《新疆通志・共產黨志》

（烏魯木齊：新疆人民出版社, 2001）。

114——中共中央文獻研究室等編《新疆工作文獻選編(1949-2010)》（北京：中央文獻出版社, 2010）第287-289頁。

115——水谷尚子「新疆『バレン郷事件』考」『現代中国研究』40, 2018: 第62-80頁。

116——朱培民、王寶英《中國共產黨治理新疆史》（北京：當代中國出版社, 2015）第82頁。

117——中共中央文獻研究室等編《新疆工作文獻選編(1949-2010)》（北京：中央文獻出版社, 2010）第319頁。

118——加々美光行『中国の民族問題：危機の本質』（岩波書店, 2008）第284頁。

119——高原明生, 前田宏子『シリーズ中国近現代史5・開発主義の時代へ1972-2014』（岩波新書, 2014）第94頁。

120——中共中央文獻研究室等編《新疆工作文獻選編(1949-2010)》（北京：中央文獻出版社, 2010）第391頁。

121——ラビア・カーディル, アレクサンドラ・カヴェーリウス（水谷尚子監修、熊河浩訳）『ウイグルの母ラビア・カーディル自伝：中国に一番憎まれている女性』（ランダムハウス講談社, 2009）第262頁。

122——ラビア・カーディル, アレクサンドラ・カヴェーリウス（水谷尚子監修、熊河浩訳）『ウイグルの母ラビア・カーディル自伝：中国に一番憎まれている女性』（ランダムハウス講談社, 2009）第308-311頁。

◎第四章｜鎮壓和發展同時進行（1996-2011年）

123——馬大正《國家利益高於一切：新疆穩定問題的觀察與思考》（烏魯木齊：新疆人民出版社, 2003）第70頁。

124——ラビア・カーディル, アレクサンドラ・カヴェーリウス（水谷尚子監修、熊河浩訳）『ウイグルの母ラビア・カーディル自伝：中国に一番

憎まれている女性』（ランダムハウス講談社, 2009）第333頁。

125——朱培民、陳宏、楊紅《中國共產黨與新疆民族問題》（烏魯木齊：新疆人民出版社, 2004）第260頁。

126——馬大正《國家利益高於一切：新疆穩定問題的觀察與思考》（烏魯木齊：新疆人民出版社, 2003）第93頁。朱培民、陳宏、楊紅《中國共產黨與新疆民族問題》（烏魯木齊：新疆人民出版社, 2004）第242頁。

127——ラビア・カーディル, アレクサンドラ・カヴェーリウス（水谷尚子監修、熊河浩訳）『ウイグルの母ラビア・カーディル自伝：中国に一番憎まれている女性』（ランダムハウス講談社, 2009）第351頁。

128——World Uyghur Congress, "16 Years Without Answers: Ghulja Massacre Mourned by WUC," February 6, 2013. https://www.uyghurcongress.org/en/16-years-without-answers-ghulja-massacre-mourned-by-wuc/

129——水谷尚子『中国を追われたウイグル人：亡命者が語る政治弾圧』（文春新書, 2007）第102頁。

130——馬大正《國家利益高於一切：新疆穩定問題的觀察與思考》（烏魯木齊：新疆人民出版社, 2003）第93-94頁。

131——毛里和子『周縁からの中国：民族問題と国家』（東京大学出版会, 1998）第161頁。

132——新免康「新疆ウイグルと中国政治」『アジア研究』49(1), 2003: 第42頁。

133——ラビア・カーディル, アレクサンドラ・カヴェーリウス（水谷尚子監修、熊河浩訳）『ウイグルの母ラビア・カーディル自伝：中国に一番憎まれている女性』（ランダムハウス講談社, 2009）第484頁。

134——中共中央文獻研究室等編《新疆工作文獻選編（1949-2010）》（北京：中央文獻出版社, 2010）第436-438頁。

135——中共中央文獻研究室等編《新疆工作文獻選編（1949-2010）》（北京：中央文獻出版社, 2010）第403頁。

136——中共中央文獻研究室等編《新疆工作文獻選編（1949-2010）》（北

京：中央文獻出版社, 2010)第409頁。

137──中共中央文獻研究室等編《新疆工作文獻選編(1949-2010)》(北京：中央文獻出版社, 2010)第425, 431頁。

138──中共中央文獻研究室等編《新疆工作文獻選編(1949-2010)》(北京：中央文獻出版社, 2010)第 474 頁。

139──熊倉潤「東トルキスタン・イスラーム運動とは何か─中国における「反テロ」の論理と新疆政策」『外交』69, 2021: 第56-61頁。http://www.gaiko-web.jp/test/wp-content/uploads/2021/09/Vol69_p56-61_east_turkestan_islamic_movement.pdf

140──中共中央文獻研究室等編《新疆工作文獻選編(1949-2010)》(北京：中央文獻出版社, 2010)第739頁。

141──中共中央文獻研究室等編《新疆工作文獻選編(1949-2010)》(北京：中央文獻出版社, 2010)第538頁。

142──中共中央文獻研究室等編《新疆工作文獻選編(1949-2010)》(北京：中央文獻出版社, 2010)第559頁。

143──中共中央文獻研究室等編《新疆工作文獻選編(1949-2010)》(北京：中央文獻出版社, 2010)第395-398頁。

144──中華人民共和國國務院新聞辦公室《新疆的歷史與發展》(北京：新星出版社, 2003)第43頁。

145──中共中央文獻研究室等編《新疆工作文獻選編(1949-2010)》(北京：中央文獻出版社, 2010)第520, 521頁。

146──中共中央文獻研究室等編《新疆工作文獻選編(1949-2010)》(北京：中央文獻出版社, 2010)第440頁。

147──Sayragul Sauytbay and Alexandra Cavelius, The Chief Witness: escape from China's modern-day concentration camps (translated by Caroline Waight, London: Scribe UK, 2021) chapter 2.

148──アナトラ・グリジャナティ『中国の少数民族教育政策とその実態：新疆ウイグル自治区における双語教育』(三元社, 2015)第69頁。

149——馬戎（吾買爾江・艾山訳）「新疆カシュガル（喀什）地区およびコナシェヘル（疏附）県における労務輸出の実態」大西広編『中国の少数民族問題と経済格差』（京都大学学術出版会, 2012）第 82 頁。

150——中華人民共和國國務院新聞辦公室〈新疆的發展與進步〉2009 年 9 月 21 日。http://www.scio.gov.cn/zfbps/ndhf/2009/Document/418337/418337.htm

151——星野昌裕「党国体制と民族問題：チベット・ウイグル問題を事例に」『党国体制の現在：変容する社会と中国共産党の適応』（慶應義塾大学出版会, 2012）第165頁。

152——中共中央文獻研究室等編《新疆工作文獻選編（1949-2010）》（北京：中央文獻出版社, 2010）第702-725頁。

◎第五章｜走向反恐人民戰爭（2012-2016年）

153——中華人民共和國中央人民政府「習近平在新疆調研」2009年6月21日。http://www.gov.cn/jrzg/2009-06/21/content_1346563.htm

154——新華網「習近平發表重要演講・籲共建『絲綢之路經濟帶』」2013年9月7日。http://www.xinhuanet.com//politics/2013-09/07/c_117272280.htm

155——Dan Levin〈喀什老城改造, 新怨舊恨難平〉《紐約時報中文網》2014年3月7日。https://cn.nytimes.com/china/20140307/c07kashgar/

156——ムカイダイス『在日ウイグル人が明かすウイグル・ジェノサイド 東トルキスタンの真実』（ハート出版, 2021）第40頁。

157——新華網「【新疆60年】喀什：老城改造讓千年古城綻新顏」2015年9月18日。http://www.xinhuanet.com/politics/2015-09/18/c_128243872.htm

158——中國新聞網「習近平治疆一年多來指示30餘次・反恐和經濟是重點」2014年5月5日。http://www.chinanews.com/gn/2014/05-

05/6130744.shtml

159——中華人民共和國中央人民政府「公安部開展嚴厲打擊暴力恐怖活動專項行動」2014年5月25日。http://www.gov.cn/xinwen/2014-05/25/content_2686705.htm

160——新華網「習近平在第二次中央新疆工作座談會上發表重要講話」2014年5月29日。http://www.xinhuanet.com/photo/2014-05/29/c_126564529.htm

161——"The Xinjiang Papers – Document No.2, Speeches by Comrades Xi Jinping, Li Keqiang and Yu Zhengsheng at the Second Central Xinjiang Work Forum (May 28-30, 2014)," in Adrian Zenz (ed.), The Xinjiang Papers, November 27, 2021. https://uyghurtribunal.com/wp-content/uploads/2021/11/Transcript-Document-02.pdf?fbclid=IwAR397qxnUoxVimJSvsq7OVA_4PlPyHbH-Y7fGxzl3EsnDDxS4p8d_MgwgFc

162——Reuters「中國反恐：新疆近一個月打掉32個暴恐團夥，抓獲犯罪嫌疑人380餘名」2014年6月23日。https://jp.reuters.com/article/idCNL4S0P41QK20140623

163——中華人民共和國中央人民政府「中華人民共和國反恐怖主義法（主席令第三十六號）」2015年12月28日。http://www.gov.cn/zhengce/2015-12/28/content_5029899.htm

164——人大新聞網「新疆維吾爾自治區實施《中華人民共和國反恐怖主義法》辦法」2016年7月29日。http://npc.people.com.cn/n1/2016/0801/c14576-28601824.html

165——中國共產黨新聞網「陳全國同志任新疆維吾爾自治區黨委委員、常委、書記」2016年8月30日。http://renshi.people.com.cn/n1/2016/0830/c139617-28676375.html

166——澎湃「陳全國赴和田地區走訪結對認親戶：親戚多走動才會越走越親」2016年11月8日。https://www.thepaper.cn/newsDetail_forward_1557359

167——人民網「新疆百萬乾部職工與各族群眾結對認親」2018年11月7日。http://gongyi.people.com.cn/n1/2018/1107/c151132-30386143.html

168——新華網「陳全國強調今年新疆反腐倡廉工作總要求和六重點」2017年2月7日。http://www.xinhuanet.com/2017-02/07/c_1120426806.htm

169——RFI「中國否認疆大前校長塔西甫拉提·特依拜被判死刑，稱在接受腐敗調查」2019年12月7日。https://www.rfi.fr/cn/中國/20191227-中国否认疆大前校长塔西甫拉提-特依拜被判死刑-称在接受腐败调查

170——Jun Sugawara and Rahile Dawut (eds.), Mazar: Studies on Islamic Sacred Sites in Central Eurasia (Tokyo University of Foreign Studies Press., 2016)

171——Bethany Allen-Ebrahimian, "Exposed: China's Operating Manuals for Mass Internment and Arrest by Algorithm," International Consortium of Investigative Journalists, November 24, 2019. https://www.icij.org/investigations/china-cables/exposed-chinas-operating-manuals-for-mass-internment-and-arrest-by-algorithm/

172——Adrian Zenz, "The Karakax List: Dissecting the Anatomy of Beijing's Internment Drive in Xinjiang," The Journal of Political Risk, 8(2), 2020. https://www.jpolrisk.com/karakax/#more-2545

173——エイドリアン・ゼンツ「ウイグル女性に避妊器具や不妊手術を強制—中国政府の『断種』ジェノサイド」Newsweek日本版，2020年7月8日。https://www.newsweekjapan.jp/stories/world/2020/07/post-93907.php

174──中華人民共和國國務院新聞辦公室「《新疆的勞動就業保障》白皮書（全文）」2020年9月17日。http://www.scio.gov.cn/zfbps/ndhf/42312/Document/1687708/1687708.htm

175──星野昌裕「国際的な軋轢を深める中国のウイグル政策」『東亜』652, 2021: 第18-25頁。

176──BBC News, "Inside China's 'thought transformation' camps," June 17, 2019. https://www.bbc.com/news/av/world-asia-china-48667221.

177──Sayragul Sauytbay and Alexandra Cavelius, The Chief Witness: escape from China's modern-day concentration camps (translated by Caroline Waight, London: Scribe UK, 2021) chapter 6.

178──Human Rights Watch, "'Eradicating Ideological Viruses': China's Campaign of Repression Against Xinjiang's Muslims," September 2018. https://www.hrw.org/sites/default/files/report_pdf/china0918_web.pdf

179──BBC News, "Inside China's 'thought transformation' camps," June 17, 2019. https://www.bbc.com/news/av/world-asia-china-48667221.

180──Austin Ramzy and Chris Buckley, "'Absolutely No Mercy': Leaked Files Expose How China Organized Mass Detentions of Muslims," The New York Times, November 16, 2019. https://www.nytimes.com/interactive/2019/11/16/world/asia/china-xinjiang-documents.html

181──Bethany Allen-Ebrahimian, "Exposed: China's Operating Manuals for Mass Internment and Arrest by Algorithm," International Consortium of Investigative Journalists, November 24, 2019. https://www.icij.org/investigations/china-cables/exposed-chinas-operating-manuals-for-mass-internment-and-arrest-by-algorithm/

182──中華人民共和國中央人民政府「新聞辦就新疆穩定發展有關情況舉行新聞發布會」2019年12月9日。http://www.gov.cn/xinwen/2019-12/09/content_5459657.htm

183——Vicky Xiuzhong Xu, Danielle Cave, James Leibold, Kelsey Munro and Nathan Ruser, "Uyghurs for Sale: 'Re-education', forced labour and surveillance beyond Xinjiang," Australian Strategic Policy Institute, March 1, 2020. https://www.aspi.org.au/report/uyghurs-sale/

184——Adrian Zenz, "Coercive Labor in Xinjiang: Labor Transfer and the Mobilization of Ethnic Minorities to Pick Cotton," Center for Global Policy, December 2020. https://newlinesinstitute.org/wp-content/uploads/2020/12/20201214-PB-China-Zenz-1.pdf.

185——Adrian Zenz, "Sterilizations, IUDs, and Mandatory Birth Control: The CCP's Campaign to Suppress Uyghur Birthrates in Xinjiang," The Jamestown Foundation, June 2020. https://jamestown.org/wp-content/uploads/2020/06/Zenz-Internment-Sterilizations-and-IUDs-REVISED-March-17-2021.pdf?x45379.

186——熊倉潤「新疆, 香港の人権をめぐる共同声明と中国」日本国際問題研究所, 2021年8月23日。https://www.jiia.or.jp/column/china-fy2021-01.html

187——中華人民共和國外交部「2021年6月23日外交部發言人趙立堅主持例行記者會」2021年6月23日。https://www.fmprc.gov.cn/wjdt_674879/fyrbt_674889/202106/t20210623_9177380.shtml

188——中華人民共和国駐日本国大使館「駐日中国大使館,『美しい新疆』オンライン交流会を開催」2021年6月13日。http://jp.china-embassy.gov.cn/jpn/dszl/202106/t20210613_10434080.htm

189——NHK「中国新世紀・第5回“多民族国家”の葛藤」2021年12月19日放送。https://www.nhk.jp/p/special/ts/2NY2QQLPM3/blog/bl/pneAjJR3gn/bp/pOeqwYe98O/

◎終章│新疆政策是「種族滅絕」嗎？

190——楊海英編『モンゴル人ジェノサイドに関する基礎資料』(1-14巻, 風響社, 2009-2022)。

191——楊海英『ジェノサイドと文化大革命・内モンゴルの民族問題』(勉誠出版, 2014)。

192——于田ケリム, 楊海英『ジェノサイド国家—中国の真実』(文春新書, 2021)。

193——ムカイダイス『在日ウイグル人が明かすウイグル・ジェノサイド 東トルキスタンの真実』(ハート出版, 2021)。

194——NHK「中国新世紀・第5回"多民族国家"の葛藤」2021年12月19日放送。https://www.nhk.jp/p/special/ts/2NY2QQLPM3/blog/bl/pneAjJR3gn/bp/pOeqwYe98O/

195——熊倉潤「連載"習近平の中国":ヤヌス像のアナトミー5『鋳造者』習近平:中華民族共同体意識を鋳造する民族政策」『東亜』656, 2022:第76-83頁。


◎中文版謝辭

196——「中国共産党の新疆統治の始まりと少数民族エリート(1949-52年)」『問題と研究』48巻4号、2019年、99-134ページ。

197——「文化大革命期(1966-76年)における新しい少数民族エリートの登場」『問題と研究』47巻1号、2018年、127-156ページ。

198——『民族自決と民族団結—ソ連と中国の民族エリート』東京大学出版会、2020年。

# 參考文獻

注：
(1)涉及到不同章的文獻統一放在第一次提到的章節記載
(2)《人民日報》及《新疆日報》等報紙報導則省略

## ◎與全書內容有關的參考文獻

王力雄(馬場裕之訳)『私の西域, 君の東トルキスタン』(集広舎, 2011)

王柯『多民族国家：中国』(岩波新書, 2005)

加々美光行『中国の民族問題：危機の本質』(岩波書店, 2008)

熊倉潤『民族自決と民族団結：ソ連と中国の民族エリート』(東京大学出版会, 2020)

小松久男, 梅村坦, 宇山智彦, 帶谷知可, 堀川徹編『中央ユーラシアを知る事典』(平凡社, 2005)

新免康「新疆ウイグルと中国政治」『アジア研究』49(1), 2003: 37-54

水谷尚子『中国を追われたウイグル人：亡命者が語る政治弾圧』(文春新書, 2007)

毛里和子『周縁からの中国：民族問題と国家』(東京大学出版会, 1998)

ラビア・カーディル, アレクサンドラ・カヴェーリウス(水谷尚子監修、熊河浩訳)『ウイグルの母ラビア・カーディル自伝：中国に一番憎まれている女

性』(ランダムハウス講談社, 2009)

Adeeb Khalid, Central Asia: A New History from the Imperial Conquests to the Present (Princeton; Oxford: Princeton University Press, 2021).

Donald H. McMillen, Chinese Communist Power and Policy in Xinjiang, 1949-1977 (Boulder, Colo.: Westview Press, 1979).

James A. Millward, Eurasian Crossroads, A History of Xinjiang (London: Hurst & Company, 2021).

Sayragul Sauytbay and Alexandra Cavelius, The Chief Witness: escape from China's modern-day concentration camps (translated by Caroline Waight, London: Scribe UK, 2021).

S. Frederick Starr (ed.), Xinjiang: China's Muslim Borderland (Armonk, N. Y.: M. E. Sharpe, 2004).

中共中央文獻研究室等編《新疆工作文獻選編(1949-2010)》(北京：中央文獻出版社, 2010)

中共中央組織部編《中國共產黨黨內統計資料匯編(1921-2010)》(北京：黨建讀物出版社, 2011)

中共新疆維吾爾自治區委員會組織部等編《中國共產黨新疆維吾爾自治區組織史資料》(北京：中共黨史出版社, 1996)

中共新疆維吾爾自治區委員會組織部等編《中國共產黨新疆維吾爾自治區組織史資料・第2卷》(烏魯木齊：新疆人民出版社, 2011)

中華人民共和國國務院新聞辦公室「新疆各民族平等權利的保障」2021年7月14日。http://www.gov.cn/zhengce/2021-07/14/content_5624800.htm

朱培民、王寶英《中國共產黨治理新疆史》(北京：當代中國出版社, 2015)

朱培民、陳宏、楊紅《中國共產黨與新疆民族問題》(烏魯木齊：新疆人民出版社, 2004)

馬大正《國家利益高於一切：新疆穩定問題的觀察與思考》(烏魯木齊：新疆人民出版社, 2003)

新疆生產建設兵團統計局、國家統計局兵團調查總隊編《新疆生產建設兵

團統計年鑑》(北京：中國統計出版社, 1991-2020)

新疆維吾爾自治區地方誌編纂委員會編《新疆年鑑》(烏魯木齊：新疆人民
　　出版社, 1991-2019)

新疆維吾爾自治區地方誌編纂委員會編《新疆通志. 共產黨志》(烏魯木齊：
　　新疆人民出版社, 2001)

新疆維吾爾自治區統計局編《新疆統計年鑑》(北京：中國統計出版社, 1989-
　　2020)

厲聲編《中國新疆：歷史與現狀》(烏魯木齊：新疆人民出版社, 2006)


◎序章｜新疆（東突厥斯坦的兩千年）

アブドゥレヒム・オトキュル（東綾子訳）『英雄たちの涙：目醒めよ, ウイグル』
　　（まどか出版, 2009)

王柯『東トルキスタン共和国研究：中国のイスラムと民族問題』(東京大学出
　　版会, 1995)

小沼孝博『清と中央アジア草原：遊牧民の世界から帝国の辺境へ』(東京大
　　学出版会, 2014)

小松久男編『中央ユーラシア史』(山川出版社, 2000)

佐口透『新疆ムスリム研究』(吉川弘文館, 1995)

寺山恭輔『スターリンと新疆：1931-1949年』(社会評論社, 2015)

トルグン・アルマス（東綾子訳）『ウイグル人』(集広舎, 2019)

David Brophy, Uyghur Nation: Reform and Revolution on the Russia-China
　　Frontier (Cambridge, Mass.; London, England: Harvard University Press,
　　2016).

Andrew D. W. Forbes, Warlords and Muslims in Chinese Central Asia: A Political
　　History of Republican Sinkiang 1911-1949 (Cambridge; N.Y.: Cambridge
　　University Press, 1986).

Peter C. Perdue, China Marches West: The Qing Conquest of Central Eurasia

(Cambridge, Mass.: Belknap Press of Harvard University Press, 2005).

David D. Wang, Under the Soviet Shadow: The Yining Incident, Ethnic Conflicts and International Rivalry in Xinjiang 1944-1949 (Hong Kong: The Chinese University Press, 1999).

包爾漢《新疆五十年──包爾漢回憶錄》(北京：中國文史出版社, 1994)

賽福鼎・艾則孜《賽福鼎回憶錄》(北京：華夏出版社, 1993)

◎第一章│中國共產黨統治之路（1949-1955年）

田中周「新疆ウイグル自治区における国家統合と民族区域自治政策―1950年代前半の自治区成立過程から考える―」『早稲田政治公法研究』94, 2010: 63-76

Ăkhmăt Igămbărdi, Hayat mănzilliri, Istanbul: Tăklimakan Uyghur Năshriyati, 2019.

Justin M. Jacobs, "The Many Deaths of a Kazak Unaligned: Osman Batur, Chinese Decolonization, and the Nationalization of a Nomad," The American Historical Review, 115(5), 2010: 1291-1314.

Justin M. Jacobs, Xinjiang and the Modern Chinese State (Seattle; London: University of Washington Press, 2016).

《王震傳》編寫組《王震傳》(上, 北京：當代中國出版社, 1999)

《王震傳》編寫組《王震傳》(北京：人民出版社, 2008)

中共中央文獻研究室編《鄧小平年譜1904-1974》(中卷, 北京：中央文獻出版社, 2004)

中共新疆維吾爾自治區委員會黨史研究室編《中國共產黨與民族區域自治制度的建立和發展》(北京：中共黨史出版社, 2000)

王永慶《歷史的回聲：格爾夏回憶錄》(五家渠：新疆生產建設兵團出版社, 2008)

呂劍人《我的回憶》(西安：陝西人民出版社, 1997)

李維漢《統一戰線問題與民族問題》（北京：人民出版社, 1981）

沈志華主編《中蘇關係史綱》（北京：新華出版社, 2007）

熊倉潤「新疆三區革命領導者在中共建政後的政治演變（1949-2017）」『東
　　亞研究』48(6), 2018: 1-38

◎第二章｜作為中蘇對立的前哨（1956-1977年）

天児慧『中華人民共和国史新版』（岩波新書, 2013）

石井明「1949年以降の新疆とロシア・中央アジアの関係の変遷」『東京大学
　　大学院総合文化研究科国際社会科学専攻紀要』56, 2006: 19-30

石井明『中国国境・熱戦の跡を歩く』（岩波書店, 2014）

久保亨『シリーズ中国近現代史4・社会主義への挑戦』（岩波新書, 2011）

熊倉潤「中ソ対立下の中国少数民族幹部政策—新疆ウイグル自治区の事例
　　から（1966–1976年）」『国際政治』197, 2019: 58-73

熊倉潤「文化大革命期（1966-76年）における新しい少数民族エリートの登場」
　　『問題と研究』47(1), 2018: 127-156

オレーグ・ボリーソフ, ボリス・コロスコフ（滝沢一郎訳）『ソ連と中国：友好と
　　敵対の関係史』（サイマル出版会, 1979）

毛里和子「新疆の『地方民族主義』をめぐる問題」市古教授退官記念論叢編
　　集委員会編『論集 近代中国研究』（山川出版社, 1981：381-407）

楊海英「ウイグル人の中国文化大革命：既往研究と批判資料からウイグル
　　人の存在を抽出する試み」『アジア研究別冊4・中国文化大革命と国
　　際社会：50年後の省察と展望：国際社会と中国文化大革命：フロンテ
　　ィアの中国文化大革命』（静岡大学人文社会科学部アジア研究センタ
　　ー, 2016: 199-230）

George Moseley, A Sino-Soviet Cultural Frontier: The Ili Kazakh Autonomous
　　Chou (Cambridge, Mass.: Harvard University Press, 1966).

《汪鋒傳》編委會《汪鋒傳》（北京：中央黨史出版社, 2011）

中共中央文獻研究室編《周恩來年譜1949-1976》（北京：中央文獻出版社，
　　1997）

中共中央文獻研究室編《建國以來毛澤東文稿・第10冊》（北京：中央文獻
　　出版社，1996）

王希恩編《20世紀的中國民族問題》（北京：中國社會科學出版社，2012）

西西弗斯約翰編《資深獄吏：康生與「文革」(IV)》（臺北：西西弗斯文化出
　　版，2016）

李丹慧〈對1962年新疆伊塔事件起因的歷史考察：來自中國新疆的檔案材
　　料〉李丹慧編《北京與莫斯科：從聯盟走向對抗》（桂林：廣西師範大
　　學，2002：480-509）

金炳鎬編《中國民族自治區的民族關係》（北京：中央民族大學出版社，
　　2006）

情報局情報研究室・匪情年報編輯委員會編《匪情年報1968》（臺北：國防
　　部情報局，1968）

陳伍國《王恩茂傳》（北京：中國文史出版社，2015）

楊繼繩《墓碑》（香港：天地圖書，2018）

劉岩、李岳《中俄關係的大情小事（1949-2009）》（北京：世界知識出版社，
　　2010）

◎第三章｜「改革開放」的光明與黑暗（1978-1995年）

岡本雅享『中国の少数民族教育と言語政策［増補改訂版］』（社会評論社，
　　2008）

新免康「中華人民共和国期における新疆への漢族の移住とウイグル人の文
　　化」塚田誠之編『民族の移動と文化の動態：中国周縁地域の歴史と現
　　在』（風響社，2003：479-533）

高原明生，前田宏子『シリーズ中国近現代史5・開発主義の時代へ 1972-
　　2014』（岩波新書，2014）

水谷尚子「新疆『バレン郷事件』考」『現代中国研究』40, 2018: 62-80

楊海英『「知識青年」の1968年』(岩波書店, 2018)

World Uyghur Congress, Barin Inqilabining 15 yili (Munchen: World Uyghur Congress, 2005). https://www.uyghurcongress.org/uy/kitab/Barin-Inqilawining-15-yili.pdf

《民族政策文選》編輯組編《民族政策文選》(烏魯木齊：新疆人民出版社, 1985)

哈日巴拉〈新疆的政治力學與中共的民族政策〉《二十一世紀評論》(2008年, 第5期)

黃光學編《當代中國的民族工作》(北京：當代中國出版社, 1993)

厲聲《新疆對蘇(俄)貿易史(1600-1990)》(烏魯木齊：新疆人民出版社, 1994)


◎第四章│鎮壓和發展同時進行（1996-2011年）

アナトラ. グリジャナティ『中国の少数民族教育政策とその実態：新疆ウイグル自治区における双語教育』(三元社, 2015)

熊倉潤「東トルキスタン・イスラーム運動とは何か ── 中国における「反テロ」の論理と新疆政策」『外交』69, 2021: 56-61。http://www.gaiko-web.jp/test/wp-content/uploads/2021/09/Vol69_p56-61_east_turkestan_islamic_movement.pdf

中国研究所編『中国年鑑』(毎日新聞社のち明石書店, 2008-2021)

馬戎(吾買爾江・艾山訳)「新疆カシュガル(喀什)地区およびコナシェヘル(疏附)県における労務輸出の実態」大西広編『中国の少数民族問題と経済格差』(京都大学学術出版会, 2012: 81-96)

星野昌裕「党国体制と民族問題：チベット・ウイグル問題を事例に」『党国体制の現在：変容する社会と中国共産党の適応』(慶應義塾大学出版会, 2012)

World Uyghur Congress, "16 Years Without Answers: Ghulja Massacre Mourned by WUC," February 6, 2013. https://www.uyghurcongress.org/en/16-years-without-answers-ghulja-massacre-mourned-by-wuc/

中華人民共和國國務院新聞辦公室〈新疆的發展與進步〉2009年9月21日。 http://www.scio.gov.cn/zfbps/ndhf/2009/Document/418337/418337.htm

中華人民共和國國務院新聞辦公室《新疆的歷史與發展》(北京：新星出版社, 2003)

◎第五章 | 走向反恐人民戰爭（2012-2016年）

ムカイダイス『在日ウイグル人が明かすウイグル・ジェノサイド 東トルキスタンの真実』(ハート出版, 2021)

"The Xinjiang Papers – Document No.2, Speeches by Comrades Xi Jinping, Li Keqiang and Yu Zhengsheng at the Second Central Xinjiang Work Forum (May 28-30, 2014)," in Adrian Zenz (ed.), The Xinjiang Papers, November 27, 2021. https://uyghurtribunal.com/wp-content/uploads/2021/11/Transcript-Document-02.pdf?fbclid=IwAR397qxnUoxVimJSvsq7OVA_4Pl PyHbH-Y7fGxzl3EsnDDxS4p8d_MgwgFc

Dan Levin〈喀什老城改造, 新怨舊恨難平〉《紐約時報中文網》2014年3月7日。https://cn.nytimes.com/china/20140307/c07kashgar/

Reuters〈中國反恐：新疆近一個月打掉32個暴恐團夥, 抓獲犯罪嫌疑人380餘名〉2014年6月23日。https://jp.reuters.com/article/idCNL4S0P41QK20140623

人大新聞網「新疆維吾爾自治區實施《中華人民共和國反恐怖主義法》辦法」2016年7月29日。http://npc.people.com.cn/n1/2016/0801/c14576-28601824.html

中共中央黨史研究室編《習仲勳紀念文集》(北京：中共黨史出版社, 2013)

中華人民共和國中央人民政府「中華人民共和國反恐怖主義法(主席令第

三十六號）」2015年12月28日。http://www.gov.cn/zhengce/2015-12/28/
content_5029899.htm

中華人民共和國中央人民政府「公安部開展嚴厲打擊暴力恐怖活動
專項行動」2014年5月25日。http://www.gov.cn/xinwen/2014-05/25/
content_2686705.htm

中華人民共和國中央人民政府「習近平在新疆調研」2009年6月21日。http://
www.gov.cn/jrzg/2009-06/21/content_1346563.htm

中國新聞網「習近平治疆一年多來指示30餘次，反恐和經濟是重點」2014年
5月5日。http://www.chinanews.com/gn/2014/05-05/6130744.shtml

新華網「習近平在第二次中央新疆工作座談會上發表重要講話」2014年5月
29日。http://www.xinhuanet.com/photo/2014-05/29/c_126564529.htm

新華網「習近平發表重要演講，籲共建『絲綢之路經濟帶』」2013年9月7日。
http://www.xinhuanet.com//politics/2013-09/07/c_117272280.htm

◎第六章｜大規模拘禁的衝擊（2016-2021年）

NHK「中国新世紀・第5回 "多民族国家" の葛藤」2021年12月19日放送
https://www.nhk.jp/p/special/ts/2NY2QQLPM3/blog/bl/pneAjJR3gn/bp/
pOeqwYe98O/

熊倉潤「習近平政権下の国民統合：新疆，香港政策を中心に」『習近平政権
が直面する諸課題』（日本国際問題研究所，2021：43-47）https://www.
jiia.or.jp/pdf/research/R02_China/07-kumakura.pdf

熊倉潤「新疆，香港の人権をめぐる共同声明と中国」日本国際問題研究所，
2021年8月23日。https://www.jiia.or.jp/column/china-fy2021-01.html

ジェフリー・ケイン（濱野大道訳）『AI監獄 ウイグル』（新潮社，2022）

中華人民共和国駐日本国大使館「駐日中国大使館，『美しい新疆』オンライ
ン交流会を開催」2021年6月13日。http://jp.china-embassy.gov.cn/jpn/
dszl/202106/t20210613_10434080.htm

グルバハール・ハイティワジ, ロゼン・モルガ（岩澤雅利訳）『ウイグル大虐殺からの生還 再教育収容所地獄の2年間』（河出書房新社, 2021）

星野昌裕「国際的な軋轢を深める中国のウイグル政策」『東亜』652, 2021: 18-25

丸川知雄「新疆における『強制不妊手術』疑惑の真相」Newsweek日本版, 2021年6月24日。https://www.newsweekjapan.jp/marukawa/2021/06/post-72_1.php

丸川知雄「新疆の綿花畑では本当に『強制労働』が行われているのか？」Newsweek日本版, 2021年4月12日。https://www.newsweekjapan.jp/marukawa/2021/04/post-69.php

BBC News, "Inside China's 'thought transformation' camps," June 17, 2019. https://www.bbc.com/news/av/world-asia-china-48667221.

Bethany Allen-Ebrahimian, "Exposed: China's Operating Manuals for Mass Internment and Arrest by Algorithm," International Consortium of Investigative Journalists, November 24, 2019. https://www.icij.org/investigations/china-cables/exposed-chinas-operating-manuals-for-mass-internment-and-arrest-by-algorithm/

Darren Byler, "China's Government Has Ordered a Million Citizens to Occupy Uighur Homes. Here's What They Think They're Doing," ChinaFile, October 24, 2018. https://www.chinafile.com/reporting-opinion/postcard/million-citizens-occupy-uighur-homes-xinjiang

Human Rights Watch, "'Eradicating Ideological Viruses': China's Campaign of Repression Against Xinjiang's Muslims," September 2018. https://www.hrw.org/sites/default/files/report_pdf/china0918_web.pdf

Austin Ramzy and Chris Buckley, "'Absolutely No Mercy': Leaked Files Expose How China Organized Mass Detentions of Muslims," The New York Times, November 16, 2019. https://www.nytimes.com/interactive/2019/11/16/world/asia/china-xinjiang-documents.html

Sean R. Roberts, The War on the Uyghurs: China's Internal Campaign against a Muslim Minority (Princeton, N. J.: Princeton University Press, 2020)

Jun Sugawara and Rahile Dawut (eds.), Mazar: Studies on Islamic Sacred Sites in Central Eurasia (Tokyo University of Foreign Studies Press., 2016)

Shannon Tiezzi, "Bethany Allen-Ebrahimian: What the 'China Cables' Tell Us About Xinjiang," The Diplomat, December 4, 2019. https://thediplomat. com/2019/12/bethany-allen-ebrahimian-what-the-china-cables-tell-us-about-xinjiang/

Vicky Xiuzhong Xu, Danielle Cave, James Leibold, Kelsey Munro and Nathan Ruser, "Uyghurs for Sale: 'Re-education', forced labour and surveillance beyond Xinjiang," Australian Strategic Policy Institute, March 1, 2020. https://www.aspi.org.au/report/uyghurs-sale/

Adrian Zenz, "Coercive Labor in Xinjiang: Labor Transfer and the Mobilization of Ethnic Minorities to Pick Cotton," Center for Global Policy, December 2020. https://newlinesinstitute.org/wp-content/ uploads/2020/12/20201214-PB-China-Zenz-1.pdf.

Adrian Zenz, "Sterilizations, IUDs, and Mandatory Birth Control: The CCP's Campaign to Suppress Uyghur Birthrates in Xinjiang," The Jamestown Foundation, June 2020. https://jamestown.org/wp-content/ uploads/2020/06/Zenz-Internment-Sterilizations-and-IUDs-REVISED-March-17-2021.pdf?x45379.

Adrian Zenz, "The Karakax List: Dissecting the Anatomy of Beijing's Internment Drive in Xinjiang," The Journal of Political Risk, 8(2), 2020. https://www. jpolrisk.com/karakax/#more-2545

中華人民共和國中央人民政府「新聞辦新疆穩定發展有關情況舉行新聞發布會」2019年12月9日。http://www.gov.cn/xinwen/2019-12/09/ content_5459657.htm

中華人民共和國國務院新聞辦公室「《新疆的勞動就業保障》白皮書

（全文）」2020年9月17日。http://www.scio.gov.cn/zfbps/ndhf/42312/
Document/1687708/1687708.htm

◎終章｜新疆政策是「種族滅絕」嗎？

于田ケリム, 楊海英『ジェノサイド国家・中国の真実』(文春新書, 2021)

外務省条約局編『多数国間条約集(上巻)』(外務省条約局, 1962)

レオ・クーパー(高尾利数訳)『ジェノサイド：20世紀におけるその現実』(法
　　政大学出版局, 1986)

熊倉潤「連載"習近平の中国"：ヤヌス像のアナトミー5・『鋳造者』習近平：中
　　華民族共同体意識を鋳造する民族政策」『東亜』656, 2022: 76-83

前田朗『ジェノサイド論』(青木書店, 2002)

楊海英『ジェノサイドと文化大革命―内モンゴルの民族問題』(勉誠出版,
　　2014)

楊海英編『モンゴル人ジェノサイドに関する基礎資料』(1-14巻, 風響社,
　　2009-2022)

Adrian Zenz, "China's Own Documents Show Potentially Genocidal Sterilization
　　Plans in Xinjiang," Foreign Policy, July 2020. https://foreignpolicy.
　　com/2020/07/01/china-documents-uighur-genocidal-sterilization-xinjiang/

新疆：被中共支配的七十年
新疆ウイグル自治区―中国共産党支配の70年

作者｜熊倉潤（くまくらじゅん）

譯者｜鍾寧

主編｜洪源鴻

編輯｜穆通安、洪源鴻

行銷企劃總監｜蔡慧華

行銷企劃專員｜張意婷

封面設計｜薛偉成・虎稿

內頁排版｜薛偉成・虎稿

社長｜郭重興

發行人｜曾大福

出版｜遠足文化事業股份有限公司／八旗文化

發行｜遠足文化事業股份有限公司

　　　231 新北市新店區民權路 108 之 2 號 9 樓

電話｜02-2218-1417

傳真｜02-8667-1065

客服專線｜0800-221-029

信箱｜gusa0601@gmail.com

Facebook ｜ facebook.com/gusapublishing

部落格｜gusapublishing.blogspot.com

法律顧問｜華洋法律事務所／蘇文生律師

印刷｜成陽印刷股份有限公司

出版｜2023 年 2 月（初版 1 刷）

定價｜420 元

ISBN ｜ 9786267234235（平裝）

　　　　9786267234228（ePub）

　　　　9786267234211（PDF）

國家圖書館出版品
預行編目（CIP）資料

新疆：被中共支配的七十年
熊倉潤著／鍾寧譯／初版／新北市／八旗文化出版／
遠足文化事業股份有限公司發行／2023.02
譯自：新疆ウイグル自治区—中国共産党支配の70年
ISBN：978-626-7234-23-5（平裝）
1.CST：少數民族　2.CST：民族問題　3.CST：新疆維吾爾自治區
676.14　　　　　　　　　　　　　111022261